O REI DO CINEMA

Toninho Vaz

O REI DO CINEMA

Pesquisa:
Vinicius Chiappeta Braga

EDITORA RECORD
RIO DE JANEIRO • SÃO PAULO

2008

CIP-Brasil. Catalogação-na-fonte
Sindicato Nacional dos Editores de Livros, RJ.

V495r   Vaz, Toninho, 1947-
         O rei do cinema / Toninho Vaz. – Rio de Janeiro:
       Record, 2008.
         Inclui bibliografia e índice
         ISBN 978-85-01-08010-3

         1. Ribeiro, Luiz Severiano – Biografia. 2. Cinema –
       Brasil. 3. Grupo Severiano Ribeiro. I. Título.

                                     CDD – 927.9143
07-3957   CDU – 929:791.43(81)

Copyright © Toninho Vaz, 2008

Editoração eletrônica: Abreu's System

Crédito das fotos:
Todas as fotos apresentadas neste livro pertencem ao acervo da Atlântida Cinematográfica, empresa do Grupo Severiano Ribeiro.

Todos os direitos reservados. Proibida a reprodução, armazenamento ou transmissão de partes deste livro através de quaisquer meios, sem prévia autorização por escrito.
Proibida a venda desta edição em Portugal e resto da Europa.

Direitos exclusivos desta edição reservados pela
EDITORA RECORD LTDA.
Rua Argentina 171 – Rio de Janeiro, RJ – 20921-380 – Tel.: 2585-2000

Impresso no Brasil

ISBN 978-85-01-08010-3

PEDIDOS PELO REEMBOLSO POSTAL
Caixa Postal 23.052
Rio de Janeiro, RJ – 20922-970

Este livro é dedicado aos personagens dos meus melhores sonhos.

O homem

O Ribeiro não era motivado pelo amor à cinematografia, mas pelo amor aos negócios. Abrir salas equipadas com ar-condicionado, atrair multidões, colocar a engrenagem para funcionar, este era o grande prazer dele.

(FRANCISCO PINTO, neto de Severiano Ribeiro)

O Ribeiro Júnior, que veio depois, completou o trabalho do pai com seu espírito criador fazendo da Atlântida a maior experiência brasileira na linha de produção de filmes e cinejornais. Um fazia negócios e o outro fazia arte e negócios.

(LUIZ HENRIQUE SEVERIANO RIBEIRO BAEZ, neto de Ribeiro Júnior)

A obra

Dificilmente quem cresceu vendo filmes em casa pode imaginar o que se passava nos anos 40 e 50 nas sessões-surpresa: entrava-se na sala sem ter idéia do filme que ia passar.

José Carlos Avelar, em
Em busca do templo perdido

Linda, que a tela era linda
e eu me lembro ainda do filme que vi
que tinha Eliana, Oscarito
Otelo, Adelaide, Cyll Farney, Dercy
canções, carnavais e cassinos
ambientes tão finos, humor infantil
e uma geração de meninos
amou para sempre o "Cinema Brasil"

Joyce, trecho da música "Cinema Brasil"

Sumário

Uma história de abundância 13
1. O dia da criação 17
2. Negócios & negócios 29
3. O sonhador 43
4. Cine Riche, em cartaz 49
5. Cine Majestic, o pioneiro 57
6. Moderno e falado 65
7. O eterno São Luiz 79
8. Praia do Flamengo, 140 83
9. Um lugar chamado Cinelândia 95
10. Luiz Severiano Ribeiro Júnior 105
11. UCB 115
12. Atlântida Cinematográfica 121
13. A concordata 153
14. Tempos modernos 159
15. Um rito de passagem 165
16. De volta ao futuro 175

Posfácio	179
Filmes produzidos pela Atlântida	181
Bibliografia	195
Agradecimentos	199
Índice onomástico	201

Uma história de abundância

É RAZOÁVEL QUE Luiz Severiano Ribeiro, nome associado à história do cinema brasileiro, seja confundido com uma lenda semelhante à do Fantasma, o espírito que anda, de Lee Falk. Ele se multiplica desde o século XIX até hoje, com o mesmo nome perpetuando uma dinastia de quatro gerações. Desde o primeiro Luiz Severiano Ribeiro, o médico, passando pelo obcecado criador de cinemas e seu filho, Júnior, produtor das chanchadas, até o atual Luiz Severiano Ribeiro Neto, administrador de uma cadeia de 208 cinemas em várias cidades brasileiras, todos têm uma característica comum: são incisivamente empreendedores. Homens de negócios, empresários.

Este livro, portanto, narra a história de uma família organizada em torno do ideal de Luiz Severiano Ribeiro, o pioneiro, o "Imperador dos cinemas", o "Rei". Uma história com o *glamour* dos anos dourados, o charme das tardes dominicais na rua do Ouvidor ou dos cafés elegantes em Fortaleza, que reuniam a juventude literária dos anos

30, 40 e 50 — ou seja, num tempo antes, durante e depois da Segunda Guerra Mundial.

Esta é uma história de abundância, não de sucesso. Abundância no sentido amplo, que vem de todos e retorna para todos — e não do sucesso que se encastela em apenas um personagem. Severiano Ribeiro, na linguagem do mercado, era um investidor. O dinheiro que entrava como lucro deveria necessariamente ser canalizado para novos investimentos, provocando um efeito multiplicador, em cascata. Assim, antes mesmo de completar 40 anos, Ribeiro — como era conhecido pelos amigos — já comandava a maior cadeia de cinemas do Brasil, com salas de exibição em vários estados. Em algumas cidades, como Fortaleza e Recife, ele mantinha também o café e a livraria ao lado do cinema, ou a sinuca, mais adiante, onde se bebia a cerveja Antarctica, que ele representava com exclusividade para o Nordeste. Sem falar do gelo que era consumido nestes lugares.

Não confundir com Luiz Severiano Ribeiro Júnior, seu filho e seguidor, o principal nome da Atlântida Cinematográfica. Eles se completavam, mas não se confundiam. Seguindo caminho próprio, Ribeiro Júnior criaria os maiores fenômenos das telas brasileiras, batizados como "chanchadas da Atlântida". Os números impressionam: *O Homem do Sputnik*, de 1959, comédia dirigida por Carlos Manga, com Oscarito à frente, foi assistida por 15 milhões de pessoas, quando a população brasileira era de 60 milhões. A rigor, Manga apenas repetia o sucesso de *Nem Sansão nem Dalila*, de 1954, a paródia que teria vendido mais de 8 milhões de ingressos. As fotos da época não mentem jamais: verdadeiras multidões se aglomeravam nas portas dos cinemas lutando por um ingresso que lhes permitisse assistir *in vitro* a magia dos movimentos captados por uma engenhoca que poucos entendiam o funcionamento. Era coisa de especialista.

(Como contexto político haveria, a partir de 1939, o Decreto n° 21.240, assinado por Vargas, que determinava a obrigatoriedade de exibição de um filme nacional por ano; em 1946, o presidente Gaspar Dutra aumentava esta porcentagem com a Lei n° 20.493, que obrigava os cinemas a exibir um filme nacional a cada quatro meses. Estava pavimentado o caminho para a demanda do mercado. Foi quando Ribeiro Júnior decidiu entrar na sociedade da Atlântida e passar a produzir filmes, além de exibi-los. A posterior criação de um laboratório de revelação que permitisse estipular o número de cópias de determinado filme fechava o ciclo do cinema e configurava, segundo a crítica, um monopólio.)

É razoável também, guardadas quaisquer proporções, que a impetuosidade, obstinação e visão de negócios tenham feito de Luiz Severiano Ribeiro, o Imperador, uma espécie comparável ao paraibano Assis Chateaubriand, dono da maior cadeia de comunicação (rádio, jornal e TV) do Brasil. Ambos tinham um trauma comum: eram alvos de críticas que, na maioria das vezes, tinham suas origens numa nebulosa avaliação da lisura ética dos grandes impérios enquanto formadores de cartéis — mesma crítica que atingiria a Rede Globo de Televisão e suas afiliadas, num futuro próximo, por sua influência na vida política e cultural do país. É certo que, contemporâneos e vivendo na mesma cidade (Rio de Janeiro), Chatô e Ribeiro — e por que não dizer, Roberto Marinho — se cruzaram em vida, se abraçaram e fizeram votos de sucesso recíproco.

A saga dos Severiano Ribeiro começa pelo médico de Baturité, no Ceará — no tempo que cinema ainda era uma experiência rudimentar e sem expressão social —, e vem até o presente momento, com a adequação do sistema multiplex às salas coletivas de *shopping centers*, chamadas estilisticamente de *stadium*. Essa é, portanto, a história do Brasil moderno, contada pela evolução do nosso mercado cinematográfico — quer seja pela edificação de espaços físicos, quer seja pela manutenção de um estado cultural relativo às artes visuais e aos avanços tecnológicos —, que completa agora 90 anos de existência.

Contra os fatos não há argumento: Luiz Severiano Ribeiro, apelido Lampião, tornou-se um dos maiores empresários brasileiros e o grande criador do ambiente nacional de magia e embevecimento proporcionado pela nossa dramaturgia cinematográfica. Uma história emoldurada por motivos *art nouveau* e nascida no tempo em que o gongo tocava três vezes antes de se apagarem as luzes do grande salão.

Toninho Vaz
Rio, maio de 2007

Capítulo 1

O dia da criação

O CENÁRIO É CINEMATOGRÁFICO: a pequena cidade de Baturité, no interior do Ceará, na aristocrática região de Guaramiranga, conhecida — acredite — pelo clima europeu. Aristocrática porque a marcante produção de café, no século XIX, aproximaria famílias ilustres que transformariam a região num pólo de agricultura e pecuária. A cultura cafeeira era, naquela época, uma atividade que mobilizava a elite rural brasileira.

Distante apenas 90 quilômetros de Fortaleza, Baturité, no sopé da serra que tem o mesmo nome, era conhecida como uma cidade de clima ameno e, sobretudo, como berço da família Severiano Ribeiro. O patriarca da família, o major João Severiano, estabelecera-se na cidade no início do século.

Caberia ao major, ainda menino, romper com uma postura típica do tradicionalismo cristão da família, inclinando-se desde cedo para uma vida comum e, mais tarde, para a política. Nada de sacerdócio.

Da união do major com d. Eufrásia Severiano (d. Lola), nasceria Luiz Severiano Ribeiro, que, seguindo os passos do pai, também não abraçaria a carreira eclesiástica, nem a política e muito menos a de produtor rural: ele queria estudar medicina.

Quando o assunto era a formação educacional das crianças, as abastadas famílias baturiteenses não poupavam esforços para garantir o melhor para os seus herdeiros. Nessa época, o filho homem — notadamente o mais velho — recebia o que havia de melhor em todos os sentidos, seja nos estudos ou até mesmo na hora de receber as heranças materiais. De fato, o modelo da família nordestina, tradicionalmente machista, sempre buscou afirmação por meio do símbolo patriarcal.

Baturité oferecia excelentes oportunidades de ensino médio, graças à presença ostensiva das ordens religiosas que dominavam o ensino na região. Os jovens ricos — inclusive aqueles vindos da capital — estudavam no seminário jesuíta ou nos dois colégios dos padres salesianos, internato e externato, para rapazes e moças. Pela falta de universidade era comum os jovens serem mandados à Europa para estudar ou, dependendo do curso, a Recife, Olinda, Salvador, Rio de Janeiro ou São Paulo. O jovem Luiz Severiano Ribeiro escolheria estudar na Faculdade de Medicina do Rio de Janeiro, a pioneira no Brasil.

A nossa história começa a partir do encontro do médico Luiz Severiano com Maria Felícia Caracas, nesse cenário de prosperidade e romantismo.

O dia da criação 19

Em pouco tempo, entre o namoro e o noivado, Luiz pediu ao pai da moça, capitão Caracas (José Pacífico da Costa Caracas), a mão da filha em casamento. Ela era a oitava filha do capitão com Ana Felícia de Lima, nascida em 11 de outubro de 1852. O pedido foi prontamente aceito e, da união das duas famílias, surgiriam não apenas o amor magnânimo entre dois jovens, mas o fortalecimento dos valores tradicionais das duas famílias e, como conseqüência, o progresso da região.

Em seu livro *História de Baturité*, o médico e historiador Vinicius Barros Leal destaca:

> *A origem dos Caracas é a região dos Inhamuns, de onde o capitão Caracas saiu para conhecer o aracati* — o mar, como se dizia então. Na região de Jaguaribana — na altura da cidade de Alto Santo — teria encontrado uma menina órfã muito rica com quem teria contraído casamento e vindo, posteriormente, a fixar residência em Baturité, na região serrana.* (Leal, 1981)

Moendo café

Durante muitos anos, seriam os avós maternos de Luiz Severiano os maiores produtores de café da região e ca-

---

* Na origem tupi, aracati era o vento que vinha do mar e atingia principalmente regiões interioranas do Ceará.

beria ao pioneiro capitão Caracas o papel de "adiantador" de recursos financeiros para pequenos agricultores e arrendatários que quisessem fazer o mesmo, investir na roça. O capitão Caracas era, portanto, o banco investidor e grande responsável pelo desenvolvimento econômico e social dessa peculiar região cearense.

Os Severiano Ribeiro, como bons tradicionalistas, mantinham uma estreita relação com a cúpula clerical do Ceará, tendo muitos membros da família na Igreja Católica, o que aumentava significativamente o seu prestígio junto à corte imperial, no tempo de um Brasil ainda colonial.

Em 1858, Baturité (serra verdadeira, em tupi) tornava-se um município independente e, em 1882, com a inauguração da estação ferroviária, ganhava o charme das marias-fumaça e uma importante ligação com o porto da capital, para o escoamento da produção que levaria a excelência do café baturiteense aos mais longínquos países do mundo.

Um contato internacional que levaria Luiz Ribeiro à Europa para conhecer, entre outras utilidades, os avanços no setor de saúde pública. Seu prestígio ganhava as páginas dos jornais que anunciavam em pequenas notas:

"*Chegada. No último vapor vindo da Europa, o nosso distincto amigo, o Sr. Dr. Luiz Severiano Ribeiro, médico residente na cidade de Baturité.*"
(Jornal *Pedro II*, 14 de agosto de 1879)

O dia da criação

Luiz Severiano e Maria Felícia, para grande frustração dele, tiveram cinco filhas consecutivas* e nenhum menino. Isso até meados de 1885, quando, para além de todas as expectativas, após nove meses de ansiedade, nascia aquele que receberia todas as honras paternas, inclusive o nome: Luiz Severiano Ribeiro Filho. Diz a lenda que tudo aconteceu no dia 3 de junho, em Baturité mesmo, e que uma impressionante revoada de anjos brancos e emplumados teria aparecido no alto da casa-grande para gritar em uníssono: Ação! Ação!

O caçula dos Ribeiro nascia exatamente três anos antes da abolição da escravatura, durante um turbulento período de transição da história brasileira. A partir de agora, mudanças radicais ocorreriam no cenário político e econômico, com reflexos nos amplos negócios da família Caracas, principalmente pela falta de mão-de-obra escrava nas fazendas de café. A estrutura conservadora estava seriamente abalada com o crescimento dos movimentos republicanos e abolicionistas, que ganhavam força de norte a sul, mobilizando a vanguarda do pensamento intelectual brasileiro. Acreditava-se que o Brasil poderia se desenvolver nos moldes de outras nações, como a França, que um século antes promovera um grande passo em direção ao progresso ao derrubar o velho e corrompido modelo monárquico. Eram os novos ventos soprando.

O Nordeste brasileiro, sempre muito conservador, reagia timidamente a esses movimentos libertários. Os

---

* Maria Ermelinda, Aurélia, Ester, Alice (freira), Maria Luiza (freira).

ideais abolicionistas contrariavam o poder dos coronéis, que viviam sob a proteção do imperador, quase em regime de parceria. Apesar disso — e como um paradoxo —, o Ceará seria um pioneiro na abolição da escravatura, quando, em 1883, Acarape tornava-se o primeiro município brasileiro a libertar seus escravos. Em Baturité, que se sentia honrada com a importante visita do líder José do Patrocínio, existiam duas ativas associações abolicionistas: a Libertadora Baturiteense e a Redentora.

Com todas essas mudanças, a tradicional burguesia agrária precisava ser repensada para sobreviver aos novos tempos. As regalias que outrora haviam sido comuns na vida dos Caracas continuavam a existir, certamente, mas a estrutura do Brasil estava mudando por força da lei. O trabalho escravo eliminava demandas de serviços menos elaborados, inclusive nas simples transações comerciais do cotidiano e outras tarefas menos doutas. Famílias inteiras se sustentavam à custa do trabalho não remunerado dos empregados. Bem que a elite tentou reagir, reivindicando indenizações proporcionais ao número de escravos alforriados, mas o império negou o pedido, perdendo assim o seu último aliado.

Fervilhava a crise da Abolição e da República, que seria seguida do deslocamento do centro de gravidade econômica do Nordeste e do Norte para o Sudeste e o Sul. O país ganhava uma nova configuração social e política, mas o traço essencial da cultura continuava sendo a alienação. Voltados para as escolas e os mercados da Inglaterra e da França, nossos homens ilustrados davam as costas ao próprio país.

A mudança nos hábitos da burguesia iria exercer forte influência na vida do jovem Luiz Severiano Ribeiro Filho. Ele era um menino esperto, com excelente capacidade de aprendizado e diferente dos demais garotos da sua classe e da sua idade, que se acomodavam no conforto da família. Todos os filhos do dr. Luiz Severiano Ribeiro, aliás, tanto na infância quanto na adolescência, cursaram as melhores escolas católicas e, mais tarde, alguns deles seriam encaminhados à vida em clausura no seminário para testar uma possível vocação para o sacerdócio.

Quando completou dez anos, em 1895, Ribeiro Filho foi matriculado no Seminário Episcopal de Fortaleza (seminário da Prainha), uma das mais tradicionais instituições de ensino religioso do Nordeste. Ele apenas seguia uma prática comum aos garotos de sua idade, que, para testar aptidões, eram obrigados a freqüentar a rígida doutrina católica por alguns anos. Na sua família, apenas Alice e Maria Luiza, as irmãs mais velhas, se adaptaram e se tornaram freiras. Apesar de ser de boa índole e muito religioso, Severiano Ribeiro (como seria conhecido) logo percebeu que não tinha vocação para o sacerdócio. Esforçava-se nos estudos católicos, mas seus ideais transcendiam os muros do seminário com muitos sonhos e projetos de vida. Percebeu, antes de tudo, que precisaria de liberdade a qualquer preço. Assim, certo dia, arrumou as malas e fugiu do seminário, trazendo dentro do peito os valores cristãos e a certeza de que estava pronto para enfrentar a vida.

Ao voltar para casa, Luiz conseguia com sua presença estimulante amenizar o desapontamento da família em relação à fuga do seminário. Durante o período de reintegração à vida normal, a medicina iria lhe despertar interesse, pois acreditava que, como o pai, poderia salvar vidas. A escolha da nova profissão sem dúvida agradaria à família, principalmente ao dr. Ribeiro, que logo planejou a partida do filho para o Rio de Janeiro, onde iria se iniciar nos estudos acadêmicos.

Foi nessa época, meses antes de embarcar para o Rio, que Ribeiro conheceu o Circo Pery, instalado na esquina das ruas General Sampaio e das Flores (atual Castro e Silva). O espetáculo em cartaz, dirigido por Anchises Pery, fazia sucesso apresentando a troupe acrobática de Frank Olimecha (Hayataka Torakiste) e a bailarina inglesa Stella Follet, de curvas perfeitas e grande beleza, que conquistava aplausos com a famosa "dança serpentina". Como atração extra, o espetáculo fazia uso de uma projeção animada, um aparelho chamado Biographo Americano, provavelmente um projetor comercializado nos Estados Unidos por William K.L. Dickson, concorrente do Vitascope, de Thomas Edison. Nada que pudesse ser chamado realmente de cinema, mas muito parecido.

O Circo Pery partiu um mês depois, mas em seguida fixava-se em Fortaleza, no teatrinho Iracema, o circuito Joseph Felippe, com um *bioscope* itinerante (uma rudimentar forma de projeção) da Companhia d'Arte e Bioscope Inglez. Tudo era novidade e significava — aos espíritos sensíveis — magia e sedução. Sabe-se que a lona circense de Anchises Pery foi o cenário no qual Severiano Ribeiro assistiu pela primeira vez a um espetáculo cinematográfico. Ele dizia-se encantado com a nova tecnologia que dava vida e movimento às imagens do cotidiano.

Severiano Ribeiro, que não conhecia a capital federal, aguardava ansiosamente o dia de embarcar no vapor que o levaria ao Rio. A distância entre as duas cidades significava exaustivos dias de viagem a bordo de embarcações não muito confortáveis. Ribeiro chegaria ao final do ano de 1902 já matriculado na faculdade de medicina, a mesma que seu pai freqüentara décadas antes.

A capital da República fervilhava no início do século XX. Existia uma corrente progressista que marcaria o começo das discussões sobre temas emergentes, como os direitos da mulher e o desenvolvimento industrial. O Rio deixava as referências lusitanas de lado, assumindo os costumes e a arquitetura franceses, modelo da maioria das construções durante a primeira fase republicana. Era como se, num passe de mágica, o Brasil se tornasse parte da Europa mais progressista. Era este o cenário no qual aportava Luiz Severiano Ribeiro, aos 18 anos. Estava confiante na futura profissão, mas sabia o quanto seria difícil ficar longe de casa e da querida Baturité.

O caos e os prazeres da vida carioca já eram famosos desde os velhos tempos. O reduto da boêmia eram os guetos portuários, entulhados de comércio, feiras e mercados livres, tudo em proporções de capital do Brasil. Havia uma grande preocupação da classe médica e sanitária com as condições de asseio na cidade. Os casarios do velho Centro eram residências de famílias pobres e prostitutas, que se amontoavam em cortiços que vinham sendo construídos desde os primórdios do colonialismo, como colméias gigantes. A chegada de Luiz coincidira com a deflagração da polêmica conhecida como Revolta da Vacina, quando o médico Oswaldo Cruz declarou guerra às pestes que assolavam as populações carentes do Centro. Foi um período de muita discórdia entre a sociedade civil e as instituições médicas cariocas. Os cientistas tomaram a frente nesse processo, forçando a mudança de hábitos da população e reeducando várias comunidades nos novos padrões de saúde pública. Ribeiro, como estudante de medicina aplicado, conheceu de perto o projeto de Oswaldo Cruz.

No dia 10 de novembro de 1903, o jornal carioca *Gazeta de Notícias* publicava reportagem esclarecedora com o título "A Peste" (que segue com a grafia original):

A população está alarmada com a noticia do augmento, nestes ultimos dias, dos casos de peste. A' vista disso, procurámos hontem o illustre Director da saude publica, que nos declarou ser esse augmento apparente.

"O que ha é que os medicos se resolveram afinal a fazer as notificações dos casos suspeitos, que até aqui eram sonegados, e é por isso que parece haver recrudescencia da epidemia."

O dia da criação 27

Disse-nos o Dr. Oswaldo Cruz que os fócos têm sido atacados com toda a energia e que é sobretudo nas casas em ruinas ou demolidas que têm apparecido maior quantidade de ratos. Felizmente, o Dr. prefeito, que emprega os maiores esforços para auxiliar a Directoria de Saude Publica, deu ordem para que fossem removidos todos os entulhos dos predios demolidos.

Acrescentou o Dr. Oswaldo Cruz que vai proceder á matança dos ratos em grande escala nos esgotos por meio de um apparelho que já está prompto, e que nos porões de todos os navios têm sido feita rigorosa desinfecção e mortos todos os ratos.

A Directoria de Saude Publica aconselha a todos que se vaccinem contra a peste. E' uma medida de precaução, que tem dado os melhores resultados e que offerece todas as garantias.

Enquanto prosseguia nos estudos, Severiano Ribeiro foi surpreendido por uma dura notícia: sua mãe sofria de câncer no estômago, doença para a qual não existia nenhuma esperança de cura. O jovem acompanharia atento o grave estado de saúde da mãe, que iria morrer em 9 de julho de 1904.

Diante da nova realidade, Ribeiro se sentira impotente e bastante desacreditado na eficácia da medicina, pois nem mesmo sendo esposa de um médico, sua mãe Maria Felícia conseguira se salvar. Tudo isso o deixava desmotivado a prosseguir na carreira. Assolado por sentimentos resultantes desse momento trágico, Severiano Ribeiro tomaria a decisão de abandonar os estudos e voltar à terra natal. Quando desembarcou na estação de Baturité, a medicina era uma página virada em sua vida; Ribeiro agora estava disposto a se reencontrar com outros interesses que havia deixado de lado. Restabelecido pelo encontro com a família e cicatrizadas as feridas afetivas, em poucas semanas ele já procurava um novo trabalho, uma nova ocupação. Nesse momento, Baturité — ainda que ocupando um espaço grande em seu coração — não comportava mais a grandeza de seus sonhos.

Próxima parada: Fortaleza.

Capítulo 2

Negócios & negócios

A VOLTA AO CEARÁ faria bem a Severiano Ribeiro. Mesmo sem saber ao certo que direção tomar, caminhos e oportunidades não lhe faltavam. E a decisão final seria mesmo se estabelecer na capital, Fortaleza.

Em Baturité, os Caracas continuavam na supremacia do café e seu pai prosseguia na carreira médica. Mas, como era desejo anunciado, ele não pretendia se envolver diretamente com o café da Fazenda Venezuela, propriedade da família. Decidiu, então, procurar um emprego comum em Fortaleza e foi trabalhar como gerente de um velho e modesto hotel próximo à praça da Estação. Ele não era um gerente como outro qualquer: constantemente era surpreendido por hóspedes que o reconheciam como "o neto do capitão Caracas", cuja fama rompia as fronteiras de Baturité.

Com a morte do pai, em 1916, Luiz Severiano Ribeiro assumiria a identidade paterna, excluindo o Filho do final. Ele era o segundo Luiz Severiano Ribeiro. Com o tempo, deixaria de ser conhecido apenas por sua descendência familiar, conquistando ele mesmo o prestígio e a confiança dos que passavam por sua vida. Desde muito jovem, Severiano Ribeiro tinha um talento especial para conquistar a confiança das pessoas, primeiro passo para seguir sua vocação comercial. Empatia e credibilidade foram marcas registradas que pavimentariam seu caminho daqui para a frente.

Depois de alguns anos de trabalho no movimentado e charmoso hotel da Estação, Ribeiro conseguiria juntar algumas economias. Mas seria a herança recebida pela morte da mãe — uma quantia considerável — que lhe abriria as portas do mundo dos negócios. Seu primeiro empreendimento foi em parceria com o cunhado Antônio da Justa Menescal, casado com sua irmã Aurélia e dono da prestigiada Casa Menescal, na praça do Ferreira. Era um empório sofisticado no qual se podia encontrar de tudo: de prataria a porcelanas, passando por tecidos finos vindos da Europa. Luiz e Antônio eram, além de cunhados, muito amigos. Juntos, eles abriram uma livraria em Fortaleza, que anunciavam como de "padrão superior de qualidade". Era a livraria Menescal, propriedade da empresa Menescal e Ribeiro Ltda.

A Fortaleza do início do século XX era pacata e agradável. Com 48 mil habitantes, a cidade já possuía iluminação pública a gás, telefones (alguns poucos, é verdade), telégrafos e serviço de bondes de tração animal. A importante estrada de ferro, cuja estação central ficava no antigo campo da Amélia (em honra da imperatriz Amélia de

Leuchtenberg-Beauharnais), acabaria criando a expressão "praça da Via Férrea". A cidade já era dotada, então, de duas estações ferroviárias, sendo uma delas construída pelos ingleses e que fazia a ligação da capital com diversos pontos do estado. Com todos os seus estigmas de cidade nordestina, a capital cearense buscava não parar no tempo. A população era muito atenta às novas tecnologias e estava sempre à espera das novidades que chegavam de fora. A moda acompanhava o clima tropical. Os chapéus protegiam os cearenses do sol agressivo e as moças, munidas de sombrinhas coloridas, desfilavam pelas ruas a brancura da pele. Era uma época em que as bibliotecas estavam sempre lotadas e os cafés transbordavam com o vigor e a alegria dos jovens. A leitura era vista como a grande fonte de inspiração para a vida moderna. Entre os volumes europeus mais esperados estavam autores como Balzac, Shakespeare e Molière, sem contar os jornais periódicos que representavam o modelo de vida dos chamados centros civilizados. Os cigarros Camel, sem filtro, recém-lançados e que estavam na moda em Paris, eram bastante consumidos entre os freqüentadores de salões e cafés.

Neste novo contexto, o negócio da sociedade prometia ser muito rentável. E foi. Fundada em 1907, a livraria Menescal apresentaria bom rendimento financeiro nos quatro primeiros anos, permitindo a Ribeiro utilizar o acúmulo de capital para investir em imóveis e fazer empréstimos a juros para outros comerciantes. Negociações feitas no sistema de confiança mútua, no empenho da palavra, o que fez dele um negociador de amplas fronteiras sociais.

Como resultado dessa determinação, a vida começava a oferecer recompensas a Severiano Ribeiro. Trabalhando no comércio, ele mantinha contato estreito com outros comerciantes da região e suas famílias. Foi assim que conheceu Paulo Augusto de Morais, proprietário da loja Torre Eiffel, de Fortaleza, na rua Major Facundo, 402. Paulo era pai de uma bela jovem chamada Alba Moraes, que constantemente — embora não regularmente — trabalhava na loja da família. Ela era diferente da maioria das moças de sua época, e nisso de trabalhar sem necessitar tinha algo em comum com Ribeiro. De uma forte amizade surgiria o romance entre os dois e o casamento no dia 8 de janeiro de 1910. Dias depois, o casal embarcava para a lua-de-mel na Europa como um presente de casamento do pai da noiva. Ribeiro, sempre atento às novidades do mundo comercial, aproveitaria a viagem para trabalhar e ampliar seus conhecimentos em vários ramos de interesses. Sabe-se que conheceu as novidades do mundo eletrônico, freqüentou teatros, cinemas e cafés.

A relação do casal era respeitosa e amigável, dizem as testemunhas; mas três meses depois do casamento, Alba já não suportava mais a ausência do marido. Chegou a fazer queixa ao próprio pai, dizendo que Luiz Ribeiro não lhe dava a atenção merecida; era sempre muito omisso e pouco envolvido nas questões do lar. O sogro, preocupado com a felicidade da filha, procurou apurar o que estava acontecendo, mas descobriu que o rapaz trabalhava e trabalhava, a ponto da exaustão. Compreendeu perfeitamente o genro, pois ele também sobrevivia do comércio e conhecia o esforço que isso representava. E pediu à filha Alba mais compreensão.

Com muita benevolência de ambas as partes, o casal Severiano Ribeiro manteria uma união estável por mais de cinco décadas. Luiz, com o tempo, foi se adaptando à vida de casado, e Alba o apoiava em todas as iniciativas. Como mandava a tradição nordestina, a cada filho que o casal esperasse, vinham também as expectativas de nascer um menino, para firmar as novas gerações e perpetuar o nome da família. Nesse caso, para surpresa geral, tudo deu certo: o primeiro filho, nascido em 26 de março de 1912, era menino e seria batizado, como o pai, Luiz Severiano Ribeiro Júnior. Depois, sim, vieram mais quatro moças: Germana, Iolanda, Laís e Vera.

No início de 1911, Ribeiro decidira transferir seu capital financeiro aplicado na livraria Menescal para um negócio do qual fosse o único proprietário. Ele estava prestes a receber, naquele mesmo ano, a herança dos seus avós paternos, o major João Severiano Ribeiro (falecido desde 1899) e dona Eufrásia Severiano (falecida em 1906), cujo inventário estava em fase conclusiva. Era uma considerável importância para ser reinvestida em seus negócios.

Não havia nada de errado na sociedade com Antônio da Justa, mas dessa forma Ribeiro se sentiria livre para desenvolver outros tipos de comércio dentro de uma única empresa. Sua idéia era diversificar os produtos vendidos na livraria tradicional, promovendo uma mistura do que foi a Casa Menescal com o que era uma livraria nos moldes da época.

Assim, de forma absolutamente amigável, terminava a sociedade com o cunhado Antônio,* uma união comercial que rendeu muita experiência e a projeção de Severiano Ribeiro como comerciante solidamente estabelecido na região.

Com o fim da parceria, Ribeiro se programava para seguir caminho solo. A partilha dos bens dos avós estava prestes a acontecer, e ele já decidira onde aplicar o capital.

Criou um plano para sua nova e grandiosa loja, seguindo a idéia de diversificar para agradar a um público mais amplo e generalizado, produto de sua mente visionária e da atração pela abundância. Com ele era "ou tudo ou nada".

O primeiro passo foi adquirir o imóvel, uma loja muito bem localizada, na rua Major Facundo, para instalar a nova livraria. Ele investiria muito dinheiro, sem titubear, encomendando prateleiras, vitrines e mobiliário dos melhores que existiam. Verdadeiras obras artesanais. Muitas vezes mandava trazer da Europa o que não tinha disponível no mercado nacional. A curiosidade e a expectativa dos moradores de Fortaleza aumentavam a cada especulação, a cada boato.

---

* A escritura de dissolução da sociedade comercial está registrada no Arquivo Público do Ceará tendo como fonte o Cartório Ponte e Feijó, Livro 33, folhas 100-101, de 4 de fevereiro de 1911.

O empório chic

Em 1912, logo nas primeiras semanas de junho, finalmente, junto com o primeiro filho, nascia também a Casa Ribeiro, considerada durante anos a melhor loja da capital cearense. Ela podia oferecer, além de leitura aos apaixonados por livros, outros luxos, como pratarias e porcelanas européias; tecidos. Ribeiro era muito cuidadoso nas compras e tinha bom gosto, fazendo sempre o máximo para superar a pequena concorrência. Sua filosofia era a de satisfazer os caprichos de seus clientes. Os anseios da burguesia local eram pelo consumo do que havia de mais inédito e moderno no mercado europeu. Davam preferência aos produtos mais elaborados, que revelassem o *status* social, como casacos de pele e perfume, por exemplo.

O sucesso da loja foi tão grande que, com o volume de pedidos, um ano depois Severiano Ribeiro decidiria abrir uma filial no Recife, aproveitando uma série de facilidades que a capital pernambucana oferecia na condição de cidade portuária. Recife recebia o que havia de melhor no mundo, era por lá que chegavam os grandes inventos da Europa e os produtos mais sofisticados consumidos no Nordeste. Em pouco tempo, a loja do Recife era mais próspera do que a de Fortaleza.

Nesse período, ele e Alba moravam na praça do Ferreira, no coração da cidade, onde o jovem casal escolhera um antigo palacete de cinco portas térreas e cinco portas na varanda superior, antiga propriedade da firma Machado Coelho & Cia. Mas, em seu livro contábil, pode-se constatar a quantidade de imóveis que ele tinha na cidade, alguns apenas usados como depósito de mercadorias.

A mesma contabilidade revela dados curiosos sobre a movimentação de dinheiro, tanto da empresa quanto da família. Assim, ficamos sabendo que, em dezembro de 1915, havia um montante aproximado de 27 mil-réis circulando como empréstimos para pequenos investimentos das irmãs e cunhadas. Severiano Ribeiro registrava até mesmo as retiradas de dinheiro da própria mulher, Alba, e a compra de uma prateleira de vidro para a livraria. Extensa também era a lista dos devedores, incluindo os aluguéis de imóveis e empréstimos a outros empresários locais.

Ainda muito jovem, Ribeiro descobrira que o maior prazer de sua vida era o de empreender, gerar recursos e ver as engrenagens do comércio funcionar com sincronia — com ele fazendo o papel de maestro. Exibia uma vocação administrativa inegável, principalmente por sua sensibilidade ao acreditar em si mesmo e em suas idéias. Era comum ele atribuir a outros os créditos de uma façanha que na verdade era sua. A palavra pessoal de Luiz Severiano Ribeiro, para muitos, valia mais do que qualquer assinatura em documentos timbrados e selados em cartório. E ele tornava a recíproca verdadeira.

Em 1913, ano das ações armadas que derrubaram o governo Nogueira Acioly e colocaram em choque as forças rebeldes de Juazeiro (com as bênçãos de padre Cícero) e as tropas legalistas (resultando na queda do governador eleito, coronel Franco Rabelo), um fato noticiado em Fortaleza chamaria a atenção de Ribeiro. Dizia que o proprietário do antigo e suntuoso Hotel de France, em Fortaleza, estava passando por dificuldades financeiras e vislumbrava a possibilidade de arrendar seu estabelecimento para qualquer pessoa interessada. Ele, com alguma experiência adquirida na gerência do hotel da Estação, sentia que a oportunidade poderia lhe ser interessante de alguma forma. O hotel funcionava num prédio que já fazia parte da história da cidade e poderia ser reformado e melhorado em alguns pontos. As condições para o arrendamento eram tentadoras e, sem muito pensar, Ribeiro conseguiu fechar o negócio.

Criado pelo francês Hippolite Dragaud, o renomado hotel fora construído no final do século XIX e, em 1904, transferido para novo e confortável prédio na rua Major Facundo, 2, voltado para o Passeio Público. Tinha pretensões de ser o melhor hotel da capital cearense. Pelos seus aposentos e salões passaram intelectuais, políticos e artistas que marcaram a cena brasileira. Não era sem razão que a publicidade do Hotel de France garantia: "O melhor do Ceará!" Ocupar uma boa hospedaria em Fortaleza era sinônimo de hospedar-se no Hotel de France.

Com todas as limitações no desenvolvimento do mercado hoteleiro de Fortaleza, Ribeiro decidiria diversificar seus negócios com o arrendamento e a criação de outros estabelecimentos. Ainda em 1913, incorpora o sobrado de três andares do comendador José Antônio Machado para instalar nos andares superiores o hotel Central. O famoso prédio ficava na rua Municipal (atual Guilherme Rocha), 72, ponto estratégico voltado para a praça do Ferreira. A operação era feita em sociedade com Alfredo Salgado e nos documentos oficiais o hotel aparece como propriedade de Ribeiro & Cia.

Logo depois, em 21 de setembro de 1913, no térreo do famoso sobrado do comendador Machado, a firma de Ribeiro abria o Café Riche, que se tornaria uma referência na cidade. Os memorialistas referem-se ao relativo luxo e bom serviço do Riche como um charmoso point da juventude intelectual e dos poetas de Fortaleza. Também era um negócio feito pelo regime de arrendamento. Negócio bem-sucedido, que aumentava o seu conceito como empreendedor.

Com a proposta de centralizar a administração das firmas que estavam sob seu comando, até 1914, Ribeiro decidiria pela criação de uma nova empresa. E, ao criar os moldes de uma *holding*, estava novamente na vanguarda empresarial, pois eram poucas as empresas que funcionavam nesse esquema no Brasil. Em sua maioria, as que adotavam esse modelo administrativo eram companhias americanas e européias. Empresários brasileiros, de um modo geral, eram mais conservadores. A solidez de um negócio usualmente era creditada à apropriação absoluta, diferentemente da proposta de Ribeiro & Cia., que buscava, por meio de arrendamentos e negociações, solidificar-se em cada ramo que investia, diversificando as escolhas.

Nesse início de século ainda não se tinha notícia de uma Fortaleza como capital turística, um pólo de atrações voltadas ao lazer. Pelo contrário: as praias eram destinadas aos armazéns de embarque e às residências de pescadores, ou seja, a comunidade pobre da cidade. Fortaleza, como aconteceu com outras cidades brasileiras, fora construída na parte elevada, ficando a cidade baixa sujeita a desvalorização. A descoberta do mar como espaço de lazer vai acontecer apenas nos anos 20, com o surgimento das casas de veraneio e, mais tarde, com os clubes praianos e a prática coletiva do banho de mar.

No final da década de 1910, já se tinha em Fortaleza uma idéia formada da capacidade e excelência da administração de Luiz Severiano Ribeiro. Dizia-se nas rodas da sociedade que ele tinha herdado a vocação comercial do capitão Caracas, seu avô.

Utilizando os mesmos trâmites para a criação de novos negócios, dois anos após o arrendamento do hotel de France Luiz já impunha seu estilo também no magnífico salão de bilhar do hotel Majestic Palace e em muitos outros cafés e cervejarias da cidade. Os homens de negócio expressavam um senso comum: "O Ribeiro é mesmo formidável."

O homem-gelo

Pode-se considerar que a passagem de Severiano Ribeiro pelo ramo de bebidas e produtos alimentícios, em Fortaleza, tenha sido apenas episódica. Mesmo assim, durante o tempo que permaneceu como representante da Companhia Antarctica Paulista, em Fortaleza, tornou-se um líder de vendas.

Foi em 1914, e a empreitada viria acompanhada de uma pequena fábrica de gelo, produto de grande necessidade numa época de pouca energia e habitualmente muito calor. A distribuição de gelo já era um bom negócio em Fortaleza, pelo elevado consumo do produto na região, com clima tropical. Ribeiro dependia, para abastecer seus bares e café, de diversos fabricantes já instalados na cidade, entre eles os exibidores de cinema José de Oliveira Rola e Júlio Pinto. Seguindo o exemplo, Ribeiro teve a idéia de suprir a sua própria necessidade, instalando a pequena fábrica que lhe permitia também ampliar seus negócios vendendo gelo a outros estabelecimentos. Nesse mesmo ano, ele abriria outras seis pequenas fábricas de gelo em vários pontos da cidade. Diz o folclore que os nordestinos quando viam gelo pensavam que era vidro.

Quando a Companhia Antarctica Paulista, responsável pela fabricação da cerveja, lhe ofereceu representação exclusiva em Fortaleza, Ribeiro entrava no negócio com um plano paralelo que considerava infalível: oferecer gelo grátis aos estabelecimentos que mantivessem fidelidade à cerveja Antarctica. Assim, com o poder na mão, instituía quase como uma obrigatoriedade o consumo do produto secundário, o gelo, que passava a ser — por força do hábito — indispensável no cotidiano de bares e cafés. O passo seguinte seria importar a máquina de fazer e conservar gelo: a geladeira.

Lançada em 1915, a novidade trazia a marca da Antarctica: as famosas geladeiras foram logo batizadas de "perfeitas" e viraram febre em poucos meses. Tinham o tamanho e o formato de um guarda-roupa. O negócio cresceu tanto que o gelo e a cerveja passaram a ser fornecidos por meio de assinaturas de consumidores.

Foi nessa época que aconteceu a grande virada, a atração obstinada de Severiano Ribeiro pela maior novidade no mundo ocidental: o cinema. Uma luz apareceu e ela preconizava uma aventura desconhecida que misturava emoções com negócios. Mas não se pode dizer que, ao dar o primeiro passo para a nova atividade e abrir sua primeira sala de exibição, Ribeiro tenha desistido de vender cerveja, fabricar gelo, administrar cafés e hotéis. Não foi bem assim. O que aconteceu foi uma paixão arrebatadora por uma atividade mais dinâmica e moderna: o entretenimento.

Capítulo 3

O sonhador

A LEMBRANÇA DO CIRCO Pery ainda lhe estava viva na memória quando Severiano Ribeiro considerou a possibilidade de entrar para o ramo de exibição de filmes em salas especiais. Desde 1908, com a inauguração do primeiro cinema fixo da cidade,* o Cinematographo Art-Nouveau, de Victor di Maio, ele testemunhava a crescente evolução deste mercado. Sentado em seu café, que ficava na mesma rua, Ribeiro acompanhava atento as filas que se formavam na entrada do cinema, também conhecido como Maison Art-Nouveau.

Victor di Maio, o pioneiro, era napolitano e chegara ao Brasil anos antes com a intenção de exercer atividades no setor cinematográfico. Foi ele o primeiro a montar um cinema no Brasil, com o seu Ominiographo instalado em

---

* A data oficialmente reconhecida como a da primeira sessão de cinema no Brasil é 8 de julho de 1896, com a inauguração de um Omniographo (variação do cinematógrafo dos irmãos Lumière) na rua do Ouvidor, no Rio de Janeiro.

8 de julho de 1896, na rua do Ouvidor, Rio de Janeiro. O reconhecimento histórico do seu pioneirismo, entretanto, seria oficializado apenas em 1986, depois de exaustivo trabalho da equipe do Centro de Pesquisadores do Cinema Brasileiro.

A abertura da sala de Di Maio foi assim noticiada pelo jornal *Unitário*, de Fortaleza, em 25 de agosto de 1908:

> *Amanhã será inaugurado, no "Theatro Art-Nouveau", o aperfeiçoado aparelho Cinematographico do Sr. Victor Di Maio.*
>
> *O empresário pretende dar representações diárias às 7 e $8^{1/2}$ horas da noite, matinês ao domingos e dias festivos às 2 e $3^{1/2}$ da tarde.*
>
> *O programa da função inaugural foi admiravelmente organizado.*
>
> *Agradecemos o convite que nos veio pessoalmente fazer o empresário.*

Houve um momento, marcadamente entre os anos de 1908 e 1911, que seria a fase áurea do cinema comercial no Brasil, ou, como dizia o crítico Paulo Emilio Gomes, "foi quando aconteceu uma conjuntura econômica harmoniosa e rara para o cinema brasileiro". A febre estava instalada. No Rio, as maiores bilheterias eram registradas no Cine Íris e no vizinho Ideal, ambos na rua da Carioca, que ficava intransitável às segundas-feiras, 13 horas, quando começava a primeira sessão. O trânsito era interrompido e a polícia aparecia para tentar organizar o caos.

As pessoas entravam, sentavam e não podiam mais levantar, pois perdiam o lugar.

O cinema Íris,* inaugurado, em 1909, como Cine Soberano, seria reformado e rebatizado dez anos depois pelo engenheiro Paulo de Frontin, para se especializar em filmes de *cowboy*, enquanto o Cine Ideal, o favorito de Ruy Barbosa, exibia os grandes dramas e seriados como *O mistério das sete pedras* e *Estrela de Nova York*, de grande sucesso. O cinema, nessa época, era um entretenimento que, pela receptividade e afluência do público, ganhava características de "fenômeno" social.

Luiz Severiano Ribeiro, como era de esperar, seria influenciado por essa euforia.

Os pioneiros

Antes de Victor, outros pioneiros divulgaram o cinema em Fortaleza. Em 1897, o comendador Ernesto de Sá Acton importara, por meio da Empresa Telefônica do Ceará, um Kinetoscope Projetor de Edison, fazendo-o exibir no Theatro de Variedades, construído em sociedade com o empresário cearense Antônio Ferreira Braga. Na mesma época, Manoel Pereira dos Santos, proprietário do famoso

---

* Em 1918, com a falta de filme no mercado, o Cine Soberano (o nome era homenagem a um cavalo) transformou-se no Teatro Vitória, onde se apresentaram as companhias nacionais de Leopoldo Fróes e Procópio Ferreira, e a portuguesa de Adelina Abranches. Um ano depois foi reaberto como Cine Íris, funcionando ainda hoje e especializado em filmes pornôs.

Café Java, instalava um kinetoscópio de visor, numa sala da rua Formosa. Logo a seguir, ainda no mesmo ano, chega o Cinematographo dos irmãos Lumière, lançado, quase simultaneamente, na cidade pelos exibidores ambulantes Dionísio Costa e Nicola Maria Parente. No ano seguinte, o fotógrafo cearense Joaquim Moura Quineau importava de Paris um inédito Chronophotographo Démeny e, logo depois, o Alléthorama, projetores franceses não conhecidos no Brasil.*

Mas até a instalação do primeiro cinema fixo, a lista desses precursores ambulantes prosseguia com muitas outras experiências, como o Pantoscópio Ambulante de Arlindo Affonso da Costa (que residia em Fortaleza e ingressou no circuito itinerante) e a Empreza Paschoal Segreto, trazida por Afonso Segreto, entre outros pioneiros que popularizaram a nova tecnologia que conquistaria o Brasil.

No Rio de Janeiro, de onde vinham as novidades, as salas de projeção se multiplicavam e a empatia com o público atingia a expressão de fenômeno. A magia e o fascínio das projeções encantavam as multidões que se aglomeravam em espaços muitas vezes improvisados. Foi quando começaram a surgir as primeiras salas que podiam ser chamadas de cinema, com poltronas fixas e outros avanços tecnológicos.

Uma marca pessoal comum a esses precursores: eram homens refinados, de muito glamour e inteligência. Em-

---
* Ver Leite.

presários corajosos e visionários, com grande poder aquisitivo e predestinados a entrar para a história como os artífices de um Brasil moderno e, em muitos casos, futurista.

Um ano depois de promover uma grande reforma no Art-Nouveau, espremido por uma vertiginosa e súbita concorrência, Victor di Maio encerrava as atividades da sala e deixava o Ceará. Antes, faria o mercado saber que a sala continuava montada à espera de um arrendatário. Nesse momento, Luiz Severiano Ribeiro despontava no cenário comercial de Fortaleza como grande homem de negócios. Era sempre bem-sucedido em seus empreendimentos exatamente por ter características semelhantes às do veterano Vittorio di Maio, seu nome verdadeiro. Mesmo sabendo que o mercado vivia uma saturação de oferta, sem muito pestanejar Severiano Ribeiro colocou em prática uma nova idéia. Aliás, uma idéia luminosa.

Capítulo 4

Cine Riche, em cartaz

No início, Severiano Ribeiro apenas arrendaria o imóvel e manteria as instalações do velho Art-Nouveau, realizando projeções diárias em horários sincronizados com o Café Riche. Logo em seguida, decidiria fechar o café e abrir um novo cinema, com o mesmo nome: Cine Riche.

Durante o ano de 1915, as obras do Riche seguiram até o mês de novembro. O prédio ficava ao lado da casa Americana (onde mais tarde seria construído o Cine São Luiz), na praça do Ferreira. Nessa época já existiam o Cine Rio Branco, do jovem Henrique Mesiano, na rua Barão do Rio Branco; o bem instalado Cassino Cearense, do major Júlio Pinto; o Cine-Theatro Polytheama, dos irmãos José e Joaquim de Oliveira Rola; e o recém-inaugurado Amerikan Kinema, de Meirelles, Filho & Cia., os dois últimos também na praça do Ferreira.

Foi um grande aprendizado para Ribeiro, que começava a dar os primeiros passos na nova carreira. Com fama de perfeccionista, iria buscar referências com amigos que já atuavam no ramo há mais tempo. Tudo o que ele esperava era que o Cine Riche representasse uma escola de aprendizado nesta nova profissão. Para todos os efeitos, ele agora era um cinematografista.

Ribeiro tinha como sócio — na divisão do capital — o empresário Alfredo Salgado. Ambos sabiam que o melhor negócio tinha sido o valor do prédio arrendado, bem abaixo da tabela do mercado — graças à aptidão de Luiz para os assuntos imobiliários. A imprensa noticiava assim a nova atração da cidade (também com grafia original):

> *Será inaugurado solemnemente, amanhã, o cinema "Riche" que será, por certo, um dos melhores centros de diversões de nossa capital.*
> *Installado em predio confortavel, como o é o da antiga "Maison", dispondo de um optimo apparelho cinematographico, "chic" e elegante, colocado no melhor ponto da cidade, tendo, além de tudo, a seu favor, a bôa vontade de seus proprietários, o "Riche" promette ser uma especialidade no gênero.*
> *O "film" escolhido é o "Jockey da Morte", cuja exhibição constituirá a principal e melhor parte da festa de sua inauguração.*
> *Auguramos á Empreza proprietária, um grande sucesso e um futuro compensador de seus múltiplos esforços.*

(*Correio do Ceará*, 22 dezembro 1915)

Cine Riche, em cartaz

A distribuidora paulista J.R. Staffa, responsável pelo filme de estréia, correu a fazer um grande anúncio sobre a inauguração do Riche, destacando a excelência de seu próprio produto, mas citando mais abaixo o concorrente Cine Rio Branco, de Henrique Mesiano e Roberto Muratori. Era uma atitude diplomática recomendada pelo provérbio "uma no cravo e outra na ferradura".

Apesar da expectativa, a experiência iria durar apenas três meses, o suficiente para ele não considerar o Cine Riche o seu "primeiro cinema". A explicação era simples: a cidade estava atulhada de cinemas fixos que substituíram os circuitos itinerantes, gerando uma feroz competição pela atenção do público para suas duas ou três sessões diárias. Além disso, a terrível seca de 1915, um dos maiores flagelos que atingiu o Ceará, afetaria as atividades econômicas em geral, e, naturalmente, os cinemas, que deixavam seus filmes por mais tempo em cartaz. Como o Cine Riche.

O *trust*

A maior reclamação dos proprietários das casas de exibição no Nordeste eram as poucas opções de escolha de títulos que pudessem ser exibidos em seus estabelecimentos. Ou seja, a oferta de filmes ainda era precária, o que muitas vezes levava um exibidor a alugar filmes de outro exibidor, para não deixar a sala sem programação. Na realidade, eram todos exibidores independentes, que lutavam por um destaque na programação, sempre em busca de novidades. Essa situação acabou criando uma relação de amizade entre Luiz Severiano e os empresários do setor. A questão que mais os afligia era um diagnóstico comum a todas as exibidoras: caso não se fechasse um circuito de forma organizada, o fracasso seria iminente.

Fortaleza já tinha grandes salas, mas sua reduzida população não contava com recursos financeiros para gastar com diversão cara. Assim, Luiz Severiano, que não pretendia se aventurar em investimentos de risco, buscava uma solução que anunciaria em reunião aos demais exibidores de Fortaleza.

Como proponente da assembléia, ele apresentou uma estratégia que considerava a melhor para aquecer o capital de giro dentro das empresas. Como a despesa preponderante era com os prédios físicos que necessitavam, invariavelmente, de reformas, ele propôs arrendar os cinemas pelo período mínimo de cinco anos, pagando uma renda fixa aos proprietários, mas com uma condição: todos dariam a palavra de que jamais abririam outro cinema em Fortaleza ou nas imediações. Era o *trust*. Sua idéia foi prontamente aceita e todos ficaram satisfeitos com a manobra. Assim selou-se o acordo entre Roberto Muratori, Júlio Pinto, Henrique Mesiano e José de Oliveira Rola com a empresa Ribeiro & Cia. Tudo feito na palavra, sem nenhum papel assinado.

Pelo acordo, ficava determinado que permaneceriam em operação apenas os cinemas Polytheama e Rio Branco, enquanto seriam fechados o Riche, o Amerikan Kinema e o Cassino Cearense. No dia 17 de janeiro de 1916, o recém-inaugurado cinema Riche oferecia sua última sessão, com a fita de arte dramática *Amaldiçoando seu pai*, em três partes, cobrando ingressos de 700 réis para adultos, e, para crianças, 400 réis.

O discernimento de Luiz Severiano ao elaborar a proposta do *trust* indicava suas habilidades nas intricadas relações comerciais. Agora, como exibidor, ele percebia que aquela seria sua nova profissão. A fórmula do *trust* foi bem-sucedida e ele próprio se surpreendeu com o potencial lucrativo das operações. Assim, ainda no início do ano, em Fortaleza já existia o que se podia chamar de uma cadeia local de cinemas. O Cine Rio Branco, mantido aberto por abrigar grandes platéias, começava a apresentar muitos problemas em suas instalações, o que levou Severiano a reativar o Cine Riche e fechar o saudoso Rio Branco para sempre. O Riche voltaria a funcionar, como parte da estratégia de deixar apenas dois cinemas em atividade para cada empresário. A reabertura aconteceria com a exibição de *O estrangeiro*, de Giovanni Enrico Vidali, com Maria Gandini, Enrico Vidali e Emilia Vidali.

O retorno do Cine Riche seria laconicamente anunciado pela imprensa:

DIVERSÕES — Amanhã, reabrir-se-á o cinema "Riche" que substituirá o Rio Branco, continuando a valer o contrato do "trust".

(Idem, 3 março 1916)

O investimento em cinema começava a dar lucro na medida em que o poder de barganha da empresa Ribeiro & Cia. era, digamos, percebido pelas distribuidoras. Era um processo relativamente lento, mas que acabaria sendo potencializado pela visibilidade que Ribeiro emprestava aos seus demais negócios. O rapaz era, sem dúvida, um símbolo de prosperidade à frente de tudo, administrando a fábrica de gelo, cafés e se dedicando às rotineiras inspeções que consumiam grande parte do seu dia. Ao assumir o primeiro circuito de cinemas, em 1916, ele se posicionava na história como pioneiro no ramo.

No período entre 1913 e 1916, o historiador Ary Leite (1985) encontrava, em Fortaleza, as seguintes propriedades apenas em nome de Luiz Severiano Ribeiro: hotel Central, Café Riche, livraria Ribeiro, barbearia Maison Riche, cinema Riche, tudo formalmente registrado. Havia ainda — e não eram poucas — as propriedades mantidas em sociedades explícitas ou anônimas.

Ação e método

Certa vez, quando Júlio Pinto já havia falecido, Severiano Ribeiro encontrou-se com a viúva, que estava à frente da administração do cinema do marido. Ele sutilmente foi abordá-la com o assunto relacionado ao acordo de fechamento. Com toda a sua experiência, o empresário fez-lhe ver a realidade, falou-lhe dos seus objetivos e ofereceu-lhe determinada quantia para manter as projeções em suspenso enquanto ele conseguia firmar a criação de um novo cinema, que estava em seus planos.

O Cine Júlio Pinto era um dos mais movimentados da cidade, com uma boa tela, que oferecia ao público como novidade os filmes norte-americanos das "fábricas" The Vitagraph Company of America e Biograph Company, que revelavam a criatividade de David W. Griffith e a simpatia de Mary Pickford. A paixão de Júlio, já comprovada em seus múltiplos negócios, transferia-se para o cinema. Em 1915, por exemplo, importara de Paris um moderno Cronophone da Casa Gaumont, para ingressar na moda do "cinema falante", fazendo frente ao Kinetophone de Edison, da Linton South American Company, e ao Kinetophone Elgé, do Cine Rio Branco. A fase dos lançamentos independentes do Cassino Cearense fora encerrada com o surgimento do *trust*, em janeiro de 1916.

Mas a sala continuou funcionando. Por mais convincentes que fossem os argumentos de Ribeiro, a viúva mostrava-se arredia à proposta; mas, ao reavaliar a questão, acabou cedendo aos argumentos do concorrente. Assim, chegaram finalmente a um entendimento, com Ribeiro pagando 300 mil-réis para o Cine Júlio Pinto continuar fechado. As mesmas bases do acordo feito anos antes com Henrique Mesiano, com relação ao Cine Rio Branco.

Com o passar do tempo, ficavam mais explícitas as condições do revolto mercado cinematográfico brasileiro, um negócio que, para sobreviver, demandava muita cautela na administração. A sala de exibição não poderia ser tratada como um estabelecimento comercial, pois suas características iam além de um simples negócio. Era preciso instalar-se de forma voraz na praça, conquistando a atenção pública.

O Cine Júlio Pinto entrava para o circuito de salas fechadas de Fortaleza e, mais uma vez, Severiano Ribeiro estava no topo das negociações. Mas, para seu espanto, um ano depois a cidade de Fortaleza ganhava, pelas mãos de outro empresário, o mais luxuoso e democrático cinema da cidade, o Cine-Theatro Majestic.

Capítulo 5

Cine Majestic, o pioneiro

O Cine-Theatro Majestic Palace, o primeiro grande cinema do norte do país, fora encomendado especialmente pelo comerciante Plácido de Carvalho, capitalista e filantropo destacado em Fortaleza. Homem de posses, em viagem à Europa se encantou com a beleza de um teatro que conhecera na Catalunha e, assim que voltou ao Brasil, mandou construir um nos mesmos moldes. Depois pensou melhor e resolveu executar uma versão da réplica nos moldes de um cine-teatro, para ampliar o leque de aficionados.

A construção do Majestic, iniciada em 1915, levaria pelo menos dois anos para ser concluída. As dificuldades eram de toda ordem, principalmente por ainda não se conhecer por aquelas bandas o concreto armado, o cimento, artifício que tanto veio facilitar e dinamizar as construções de altura elevada. Quando foi inaugurado, o Cine-Theatro Majestic era o prédio mais suntuoso da capital cearense e seu nome era condizente com a imponência que apresentava, dominando a paisagem da praça.

A inauguração da casa aconteceria em duas datas: no dia 17 de julho de 1917 foi inaugurado o teatro, com um *show* da consagrada transformista Fátima Miris, conforme o anúncio oficial:

*MAJESTIC-PALACE
INAUGURAÇÃO DO CINEMA-THEATRO A 17 DE JULHO
ESTRÉIA DA CÉLEBRE ACTRIZ ITALIANA FÁTIMA MIRIS,
A RAINHA DO TRANSFORMISMO.*

FÁTIMA MIRIS há dose annos percorre os principais paises do Mundo, já se tendo feito ouvir pelo finado Eduardo VII em Londres, Victor Emmanuel, em Roma, Affonso XIII e a Rainha Victoria da Hespanha.

O seu verdadeiro nome é Maria Frassinesi, filha da Condessa Anna Pullè Frassinesi, sendo o seu pae capitão do exercito italiano; mathemático notavel, músico de nomeada, auctor de varias obras scientificas, esgrimista afamado, pintor, mechanico, etc.

Fátima Miris abandonou a cadeira que regia, de mathematicas, para trabalhar nos melhores theatros do Universo, com a originalidade de sua arte e um repertório próprio, que lhe deram uma fama mundial, satisfazendo assim ao capricho de seu temperamento artístico e de sua cultura inexcedível.

Ella viaja com 94 malas, contendo cerca de 700 vistuários, 84 pares de calçado e 219 cabelleiras.

Cine Majestic, o pioneiro 59

Acompanha-a, seus paes e sua irmã, que são os maiores colaboradores. Na peça de estréa: — UMA FESTA EM TOKIO, ella opera com 105 transformações.

Já o cinema seria inaugurado dez dias depois com o filme *Amica*, com Leda Gyz, a diva do cinema mudo, no papel principal. Outro anúncio registrava o acontecimento:

MAJESTIC PALACE
HOJE — 27 DE JULHO DE 1917 — HOJE
GRANDIOSA INAUGURAÇÃO DO
MAJESTIC CINEMA

pela formosa italiana dos
olhos de veludo
LEDA GYS *representando o*
argumento inspirador
do glorioso Mascagni no film
AMICA
5 artisticos e lindíssimos atos
Duas sessões as 7 e 8 1/4

Ingressos
Camarotes (com 5 entradas) 2$500
Cadeiras e frisas $500
Geraes $300

O que ninguém dizia é que no porão do cinema funcionava uma das fábricas de gelo do proprietário.

Dois meses depois, em 2 de setembro de 1917, entrava em cartaz o primeiro grande sucesso das telas do Majestic, o filme de Victorien Sardou, *Fedora*, com a grande estrela Francesca Bertini vivendo o papel da princesa Fedora Romanoff. Os ingressos custavam 1$000 (mil-réis) e, diante da enorme procura — e para evitar atropelos —, a empresa avisava que a venda estaria disponível durante o dia inteiro nas bilheterias do cinema. E as filas se formaram.

Negócio fechado

O belo Majestic, com ares de modernidade, chamaria a atenção do ousado Severiano Ribeiro, que já tinha como estratégia afastar qualquer concorrência que se colocasse em seu caminho. O Majestic Palace assustava também quem pensasse em comprá-lo de uma só tacada. Era o prédio mais alto de Fortaleza e, acima de tudo, bem localizado na praça do Ferreira, o ponto mais valorizado no mercado imobiliário. Tinha uma atmosfera de elegância e prosperidade, rodeado de palacetes onde residiam as mais abastadas famílias da capital. Contudo, fazer negócio com Plácido também seria complicado, já que o prédio tinha ocupado seus sonhos nos últimos anos. Se houvesse possibilidade de venda, era previsto, no mínimo, que ele pedisse um valor extorsivo para abrir mão do belo Majestic, assim descrito por um cronista:

> *Como todos os teatros elizabetanos, tinha forma de "ferradura", com platéia, uma ordem de frizas e o bal-*

cão-simples, então, a famigerada "geral", geradora de tanto folclore. O antigo balcão-nobre era ocupado pela cabine de projeção. Na platéia, as cadeiras conjugadas, eram lindas e anatômicas e possuíam sistema de molas que mantinham os assentos, sempre dobrados, só baixando, quando manuseados pelos assistentes que desejavam sentar-se. Nas frisas, cadeiras austríacas, no melhor estilo. Autêntica obra de arte era seu teto, todo trabalhado em placas de chumbo rendilhado com altos e baixos relevos. Era pontilhado de luminárias que eram grandes pratos de cristal lisos e enormes mangas de cristal, dispostas quatro em cada prato, deitadas e em forma de cruz. Acesas, essas luminárias davam ao recinto aspecto palaciano, com incrível luminosidade e brilho. Quando conheci o Majestic, sua entrada solene, pela Praça do Ferreira, já havia sido abolida, o público tinha acesso através de uma galeria anexa, pela rua Barão do Rio Branco e que ficava na Lateral esquerda daquela casa de espetáculos.

(Royal Briar — *A Fortaleza dos Anos 40*, de Marciano Lopes [Fortaleza, Tiprogresso, 1989])

Ribeiro não hesitava em atiçar o velho Plácido a fazer negócio com o Majestic. Sempre que o encontrava nos salões, dizia pacientemente:
— Pense no assunto, Dr. Plácido!

Depois de várias tentativas, Plácido aceitaria alugar aquele que era o centro de todas as atenções na movimentada praça do Ferreira. Tendo o amigo Alfredo Salgado como sócio, Ribeiro conseguiu um contrato de arrendamento que lhe permitiria prosseguir na caminhada como exibidor, agora com novo fôlego. O Majestic seria, na verdade, considerado por ele como o seu primeiro cinema efetivo, a partir de 1917. O resultado pode ser avaliado nesta opinião da historiadora Alice Gonzaga, em *Palácios e Poeira*:

> Os lucros foram fantásticos. Em pouco tempo Severiano Ribeiro comprava não só o Majestic e outros cinemas, como iniciava a construção do primeiro cinema inteiramente seu, o Moderno, inaugurado em 21 de setembro de 1921.

O historiador Ary Leite, que quando criança freqüentava as fileiras do Majestic, nas décadas de 1940 e 1950, tem como primeira lembrança a manifestação coletiva que por vezes dominava a sessão:

> A platéia com seus assentos barulhentos eram as vozes do espectador do Majestic. Eram muitas as sessões de filmes infantis ou de cowboys, que lotavam a casa, mas se ocorresse qualquer anormalidade na projeção, a platéia em peso batia os assentos de madeira na região do encosto, fazendo uma verdadeira algazarra. As estridentes cadeiras da platéia do Majestic eram constantemente usadas para protestos e muitas vezes para solicitar o início da projeção.

Cine Majestic, o pioneiro 63

O Cine Majestic seria, no futuro, cenário e vítima de dois grandes incêndios, o primeiro em 1955, com destruição parcial, e o segundo em 1º de janeiro de 1968, com perda total e definitiva. Entre seus fiéis freqüentadores, com a oportunidade de lamentar os dois sinistros, estava o jovem Luiz Carlos Barreto, que no futuro estaria intimamente ligado ao cinema nacional como produtor e diretor:

Eu freqüentava o Majestic desde criança, onde assisti várias chanchadas da Atlântida nos anos 50 sempre maravilhado com o ritual e a arquitetura do cinema, o setor da geral sempre lotado, a torre...

A rotina

Com o sucesso nos negócios, o cotidiano de Severiano Ribeiro tornava-se cada vez mais exaustivo. Diariamente, antes das seis horas da manhã, começava a incessante batalha com a ida ao supermercado e às feiras livres, onde comprava frutas e carnes selecionadas para abastecer seus hotéis e bares em Fortaleza. Quando terminava, seguia para a matriz das fábricas de gelo, onde inspecionava a produção e planejava o atendimento das encomendas. Às dez horas, passava pelos cinemas para elaborar cartazes e boletins de divulgação; antes do almoço, estava na livraria inteirando-se do movimento. À tarde, logo depois das duas horas, não abria mão da sesta em sua rede favorita.

Para resumir um pensamento sobre o tema, vale dizer que Severiano Ribeiro sempre foi um batalhador voltado para o progresso, mas acompanhava seus negócios como um típico dono de botequim.

Capítulo 6

Moderno e falado

O ACONTECIMENTO MAIS SIGNIFICATIVO em Fortaleza, depois do surgimento do Cine Majestic, seria certamente a solene abertura do Cine Moderno, na praça do Ferreira, em 1921. Era mais um investimento com a marca Severiano Ribeiro, agora abusando do bom gosto e das efemérides, pois a inauguração seria marcada para 7 de setembro, dia da Independência. A imprensa repercutia a novidade, oferecendo aos leitores um serviço com as informações básicas (na grafia original):

> Dentre as innumeras estrellas cinematographicas, a genial artista Póla Negri foi escolhida para inaugurar o Cinema Moderno, com a sua grande criação Carmem. Direção de Ernest Lubitsch. Dia 7 de setembro, todos no Moderno.
>
> Funcionamento, nos dias úteis, uma única sessão às 7½. Nas quartas-feiras, Soirée na Moda, com o melhor film da semana. Aos domingos e dias santificados, duas sessões às 6½ e 8 horas.

> *Os films da grande marca Paramount hoje julgada a melhor fabrica do mundo, são de exclusividade do Cinema Moderno. Os films allemães e italianos, da moderna producção depois da guerra, foram contractados para o Cinema Moderno.*

O novo empreendimento era mesmo um sucesso anunciado. De público e de crítica, pois o historiador Marciano Lopes assim o descreveu em suas memórias:

> *O Cine Moderno tinha fachada monumental, lembrando um palácio egípcio, com duas volumosas torres e marquise em forma de cauda de pavão. Seu interior era totalmente Art-Nouveau, as bilheterias em madeira entalhada e gradis de bronze dourado. A sala-de-espera era linda, formando meias paredes com os canais de escoamento, em rico trabalho de talha em madeira entremeada de espelhos bisotados. Tinha sofás estofados, em couro negro, integrado às paredes, e seu pé-direito era gigantesco. A sala de projeção era longa e estreita, com pequeno balcão que mais parecia tribuna de coro de igreja. Dezenas de portas laterais davam para áreas externas que funcionavam como pulmões e só eram abertas nas sessões noturnas.*

Uma curiosidade: a tela era voltada para o interior do cinema. Assim, quem entrasse no salão, ao passar pelo *hall* ou "sala de espera", entrava de costas para a tela e enfrentava os olhares do público que já se encontrasse acomodado.

Vida longa para o Cine Moderno, que entraria para a história também como criador de moda, lançando nos anos 30 a promoção Vesperal Elegante (trazendo as sessões para a tarde, em atitude pioneira, com a intenção de atrair o público dos arrabaldes) e, em seguida, promovendo a primeira sessão de cinema falado* em Fortaleza, com o filme Melodia da Broadway (The Broadway Melody), cuja propaganda o definia como "um poema de luz, côr, rythmo, alegria e sentimento. Uma maravilha da Metro-Goldwyn-Mayer". Era o mesmo filme apresentado meses antes na inauguração do sistema falado no Rio de Janeiro, pela Companhia Cinematographica, no Palácio Theatro, de Francisco Serrador, que contou com a presença do ilustre presidente da República Washington Luís e vários ministros. Em Fortaleza, a empresa de Luiz Severiano Ribeiro apresentava duas sessões do filme no ato de inauguração, com grande procura do público às bilheterias do Cine Moderno. O ingresso estava sendo vendido a 3$300 (três mil e trezentos contos de réis), preço único.

---

* A novidade tinha sido apresentada nos EUA, em 1927, com o filme O cantor de jazz, com Al Jolson, um ator branco que fazia papel de negro. No Brasil, o primeiro filme falado exibido foi mesmo Melodia da Broadway, em sessão apresentada em 20 de junho de 1929, no Rio de Janeiro. A novidade virou tema de samba de Noel Rosa: "O cinema falado é o grande culpado da transformação/ Dessa gente que sente que um barracão prende mais que o xadrez...". Dois anos depois, com a chegada do sistema Movietone, de leitura óptica, o privilégio de lançamento em Fortaleza caberia ao Cine Majestic.

Por trás da nova magia havia muito trabalho de Severiano Ribeiro, que comandara a adaptação da nova tecnologia importando do Rio de Janeiro muitas máquinas e técnicos, entre eles Guilherme Araújo, instalador e montador do aparelho; J. Barros Brasileiro, construtor do palco para adaptação do alto-falante e da câmara acústica; e Emilio Casalegno, decorador do palco. O sistema utilizado era o de projeções sincronizadas, no processo Vitaphone.

Umberto della Latte, artista paulista, fora contratado para pintar o painel que decorava a boca de cena do Moderno, numa iniciativa pessoal de Luiz Severiano Ribeiro.

O jornal *Gazeta de Notícias*, de Fortaleza, em edição de 25 de maio de 1930, anunciava:

> *O Moderno fechará hoje o seu cyclo de projecções de scena muda. Tal resolução é motivada pelas luxuosas instalações que estão sendo feitas, presentemente, nesse conhecido salão, para a próxima inauguração do cinema falado. Como despedida o público verá filmada a película Amor até a Morte, comédia meio leve, meio romântica, com um pequenino fio de drama de permeio.*

A notícia estava correta quanto ao filme de estréia, mas equivocada quanto ao filme de despedida, que acabaria sendo *Amor em música* (*Someone to Love*), produção da Paramount de 1929, com Mary Brian, Charles "Buddy" Rogers e William Austin. O diretor foi F. Richard Jones.

Moderno e falado

Nos dias seguintes ao evento, Severiano Ribeiro mandaria publicar nos jornais nota explicativa na qual reconhecia o êxito da novidade e anunciava ingressos especiais para pessoas "modestamente vestidas" — que poderiam usar as entradas laterais do salão principal para ocupar espaços aqui chamados de geral ou poleiros, como diziam pejorativamente os cariocas. Assim, elas estariam livres do constrangimento de ficar lado a lado, na entrada social, com os privilegiados que ostentavam o melhor da moda, numa época de muitas formalidades. Eis o anúncio divulgado por Ribeiro:

> *É bem verdade que a Empreza escolheu para essa installação o melhor de seus salões existentes nesta capital, mas tal propósito obedeceu simplesmente a um critério de ordem secundária, que não vem a pêlo declinar, longe de pretender fazer qualquer selecção entre as várias camadas sociaes, de cujo concurso efficaz — seja de grande ou pequeno, rico ou pobre — não pode absolutamente prescindir. O cinema falado deve ser popular e por todos visto sem distincção desta ou daquela classe.*

O historiador Ary Leite esclarece em suas memórias:

> *Existia um espaço nos cinemas chamado geral, reservado às pessoas que entravam de qualquer maneira, descalças, com qualquer traje, e pagavam ingresso mínimo. Era para o povo. Alguns cinemas de bairro e do centro tiveram a categoria chamada geral. No caso do Majestic, funcionava em um balcão bem lá em cima, sempre cheio. O Moderno não tinha geral.*

Distribuir para multiplicar

Enquanto Severiano Ribeiro se esmerava na administração de seus primeiros cinemas, havia no Nordeste um problema latente com a falta de distribuição de filmes estrangeiros — o que de alguma forma colocava em risco os seus negócios. As remessas "de fora" eram raras e atrasavam. O Recife passou a ser, então, uma excelente opção comercial também no setor de cinema.

Em 1922, ele montava em sociedade com José Inácio Guedes Pereira Filho a firma L.S. Ribeiro & Cia. dedicada especificamente à locação de filmes estrangeiros. O mercado pernambucano estava bastante suscetível a esse tipo de investimento, e foram necessários três anos para a consolidação de uma estrutura. Ribeiro não desperdiçou a oportunidade de criar ramificações, em junho de 1925, em sociedade com Joaquim de Matos Vieira, surgiam os primeiros cinemas fora do Ceará: o Royal e o Helvética.

A programação, contudo, continuava sob ameaça das inconstantes condições de distribuição — razão de sua viagem ao Rio em busca de empresas que oferecessem boas fitas para suas salas. Mesmo depois de encerrada a parceria com Guedes Pereira, em 1926, a L.S. Ribeiro continuaria articulando a distribuição de filmes, agora com a colaboração da Metro-Goldwyn-Mayer.

Durante todos os anos futuros, Recife jamais deixaria de fazer parte dos investimentos de Ribeiro — e a cidade iria corresponder às expectativas econômicas, favorecendo durante décadas o crescimento de suas empresas.

Em junho de 1934, com o Cine Moderno sob o comando do novo sócio, Roberto Fernandes, seria organizada a firma Ribeiro e Fernandes Ltda., com a finalidade de viabilizar a exploração comercial do Parque Moderno. A sociedade iria terminar com o vencimento natural do contrato em 31 de maio de 1943, passando os cinemas ao comando exclusivo de Luiz Severiano Ribeiro. Como resultado dessa nova fase, num futuro próximo, ele quebraria a banca abrindo as melhores casas de espetáculos do Recife, como o Cine Parque (1934), Cine Torre (meados dos anos 30), Cine Eldorado (1937), Cine Duarte Coelho (1942) e Cine Boa Vista (1942). Além disso, como um sinal definitivo de expansão, nascia em Belém o Cine Olympia, marcando de forma significativa a presença de Severiano Ribeiro também no norte do país. E os cinemas se multiplicaram. A partir de agora ficaria difícil e desnecessário enumerá-los, mas alguns desses empreendimentos merecem registro.

Cine Diogo

A inauguração do Cine Diogo foi um marco na história de Fortaleza. Instalado no segundo arranha-céu construído na cidade, o edifício José Diogo de Siqueira, de nove andares, era uma homenagem ao empresário que idealizou a moderna construção. O homem que dizia a todo instante não pretender ingressar no ramo de exibição cinematográfica apresentava uma novidade ao distinto público: o ar-refrigerado, que mais tarde seria chamado de ar-condicionado.

O Cine Diogo, com capacidade para 995 espectadores, tinha requintes de uma luxuosa sala de espetáculos, criada pelo arquiteto Sebastião Frageli e o decorador Jacques Moroitz. Para conquistar o direito de explorar a nova sala, antes mesmo de sua inauguração, Ribeiro teve de vencer dois concorrentes e desembolsar 300 mil contos de réis, pagando 120 no ato da compra e o restante em suaves prestações mensais. Assim, ele se tornava o primeiro proprietário do Cine Diogo, embora não fosse ele o idealizador do projeto.

A partir desse momento, 1940, o Cine Diogo assumia a liderança do circuito Severiano Ribeiro, tornando os tradicionais cinemas Moderno e Majestic salas de segundo nível. O requinte do Cine Diogo podia ser percebido no mármore de Carrara que se destacava no *hall* de entrada ou nas cortinas que se abriam ao som de gongos melodiosos, acompanhado da mutação sincronizada de luzes coloridas. Era um espetáculo, com tela de 10,35 x 4,40 metros, que atraía a atenção antes mesmo de começar o espetáculo.

A inauguração, em 7 de setembro, aproveitando o feriado nacional (como acontecera com o Cine Moderno, anos antes), se transformaria em grande evento social na cidade, desde que o empreendimento representava um significativo salto de qualidade no setor de exibição cinematográfica. Era lazer, cultura e entretenimento. A imprensa antecipava que a solenidade de abertura contaria com a presença da maior autoridade política do Estado, o interventor federal Francisco de Menezes Pimentel. O filme programado para a estréia, *Balalaika*, com Nelson Eddy e Ilona Massey, era uma produção da Metro-Goldwyn-Mayer, de 1939. No mesmo dia, o jornal *A Gazeta de Notícias* publicava em sua página de variedades:

> *Soirée*
> *Às 20 horas terá começo a primeira sessão soirée.* A Gazeta *recebeu particular convite da Empresa Ribeiro para assistir ao ato inaugural do Cine Diogo, convite, aliás, já feito pessoalmente pelo operoso conterrâneo Luiz Severiano Ribeiro, em pessoa, quando da sua recente estadia nesta Capital.*
> *É digna de nota a acústica do salão e a fidelidade de reprodução do sistema sonoro do Cine Diogo. Bem como a projeção que é ótima.*

A concorrência

Em 1940, no momento em que Severiano Ribeiro comprava o Cine Diogo e desembolsava fortunas nas obras do São Luiz, de Fortaleza, surgia no Ceará uma inesperada concorrência. A Clóvis Janja & Companhia começara com dois cinemas: um de bairro, o Cine Cristo Rei, e o Rex, na rua General Sampaio, no centro. O sócio majoritário da empresa, Clóvis Janja, era um conhecido construtor da capital, responsável por obras públicas como o prédio dos Correios e Telégrafos e a famosa Coluna da Hora, da praça do Ferreira. Suas obras eram conhecidas principalmente por utilizarem cimento armado — o que havia então de mais moderno na construção civil.

Janja não era um cinematografista tradicional, mas infiltrou-se no mercado cearense assim que percebeu uma lacuna deixada por Severiano Ribeiro em seus contatos com as distribuidoras internacionais. Sua empresa se fixou com solidez na medida em que fazia negócio com aquelas distribuidoras com que Ribeiro não trabalhava, sobretudo, as européias, que distribuíam os filmes mais antigos. Janja trouxe ao mercado coisas interessantes, entre elas alguns títulos da Art Films e outras produções americanas inéditas.

A disputa pelo mercado começara efetivamente quando Janja construiu dois cinemas e, em seguida, colocava em funcionamento uma terceira sala que teria vida efêmera. Ribeiro mais uma vez iria agir com rapidez ao incorporar a empresa falida do concorrente ao seu grupo de cinemas.

Era a primeira tentativa de entrada no mercado feita por outro grupo desde a formação do *trust*, em 1916. Passaram-se quase trinta anos e ele continuava invicto na praça de Fortaleza. Em 10 de maio de 1944, o Rex seria reaberto como uma empresa de Luiz Severiano. O filme em cartaz, *O sabotador*, de Alfred Hitchcock, levava à loucura o público que lotava as galerias, vibrando com os momentos de tensão e suspense do clássico. Estava criada a "geração Rex", em Fortaleza.

Vencida a primeira batalha, Severiano Ribeiro teve pelo menos dez anos de trégua até o surgimento de um novo grupo de exibição, em 1950. Era a Empresa Cinematográfica do Ceará (Cinemar), que colocava ações no mercado e encontrava boas respostas dos investidores. A

Moderno e falado

maioria dos filmes em exibição, em qualquer praça, era do cinema europeu, que naquele momento revigorava-se como indústria no pós-guerra. Mesmo com a Cinemar trazendo produções italianas e francesas, Ribeiro também exibia no Ceará clássicos do neo-realismo italiano como *Roma, cidade aberta*, em cartaz no Cine Diogo. Como ele mesmo dizia: "Guerra é guerra."

A Cinemar era comandada pelo advogado Amadeus Barros Leal, que trazia a experiência de um cinema de bairro, o Cine Dois Irmãos — como o nome indica, era uma sociedade com seu irmão. Em 1950, quando decidiu montar a empresa, Amadeus optou por fechar esse cinema e partir para um projeto mais amplo, o Cine Jangada, na praça do Ferreira. O Dois Irmãos estava num ponto difícil, um prédio precário exposto ao sol e, por isso mesmo, muito quente. Com a inauguração de novos cinemas regionais (Atapu, Araçanga e Samburá), Amadeus tentava enfrentar a "máquina" do concorrente.

Evidentemente, a saga da companhia Cinemar não foi muito longe e o projeto seria absorvido por Severiano Ribeiro, que, ao assumir o controle da empresa, fechava muitas salas que considerava estorvo no mercado. Mas manteria o Cine Jangada aberto. O Araçanga seria negociado com a Art Films e o Samburá passaria a se chamar Cine Fortaleza.

Uma curiosidade sobre o mercado do interior do Ceará, onde Ribeiro mantinha exibições diferenciadas: em Sobral, por exemplo, exibia com exclusividade filmes da United, que já haviam passado no Recife e não iam para Fortaleza. Aquelas empresas americanas que não eram do pacote da empresa Ribeiro sempre tinham o seu lugar nas pequenas salas no interior, criando assim um ineditismo constante. Como resposta a alguns setores da crítica e da concorrência, que o acusavam de criar um monopólio, Ribeiro não escondia a boa relação que mantinha com as distribuidoras americanas, o que lhe permitia regalias e poder de barganha. Essa era uma das razões de seu descontrolado crescimento regional.

Os dois cinemas, que jamais foram superados em qualidade e freqüência, em Fortaleza, foram o Diogo e o São Luiz, casas que durante décadas representaram o orgulho da cidade. Os espectadores formavam filas imensas, numa época que havia seleção social pelo traje, sendo que o uso obrigatório do paletó acabaria gerando um aquecimento no comércio local de roupas.

Nos anos 60, quando Severiano Ribeiro já era conhecido como O Rei do Rio, surgiria uma nova e forte concorrência, tanto no setor de exibição quanto no de produção: a cadeia Livio Bruni, também com base no Rio de Janeiro. De 1949 a 1979, Bruni abriria várias salas de exibição e produziria 22 filmes longas-metragens, entre eles alguns clássicos da chanchada, como *Minha sogra é da polícia* e *Pé na tábua*.

Mas nada abalava a disposição de Lampião. Difundia-se a lenda de que qualquer tentativa de abrir outros cinemas estaria destinada ao fracasso, uma vez que Severiano Ribeiro detinha o monopólio da distribuição de filmes. Esta era a gênese da antipatia que seu nome iria despertar, no futuro, em alguns setores da cultura nacional, notadamente naqueles de bandeira socialista. Como diria mais tarde, em depoimento, Francisco Pinto, seu neto, filho de Laís, colocando os pingos nos is:

> O Ribeiro não era motivado pelo amor à cinematografia, mas pelo amor aos negócios. Abrir salas equipadas com ar-condicionado, colocar a engrenagem para funcionar, atrair multidões, este era o grande prazer dele.

Capítulo 7

O eterno São Luiz

Antes é preciso dizer que a construção do Cine São Luiz, em Fortaleza, durou vinte anos. Era uma obra faraônica que tinha como principal obstáculo as precariedades da Segunda Guerra Mundial, que transformava a face política e econômica do planeta. Como agravante, sabe-se que grande parte do material usado na construção do cinema era importada (mármores, pisos e esquadrias), dificultando ainda mais a operação de transporte internacional. Ao iniciar as obras de construção, Ribeiro teria recomendado aos arquitetos e projetistas:

> Quero em minha terra o cinema mais luxuoso do Brasil e não apenas do Ceará.

Diante da construção que não terminava, a imprensa adversária lançava comentários jocosos, como o jornal *O Povo*, que encetava campanha e recebia com descrédito qualquer notícia otimista sobre o assunto. Antes mesmo de nascer o cinema era conhecido na imprensa como a Sinfonia Inacabada. Na primeira página, a manchete do jornal debochava: "Conversa fiada", quando Severiano Ribeiro anunciava a retomada das obras. O assunto acabaria na verve dos repentistas do grupo Fan & Cia., atuantes na literatura de cordel, que brincavam dizendo que para Fortaleza "vem tudo: temporadas de Bidu Sayão e Francisco Alves, avanços tecnológicos, o famoso Zeppelin, o surto de fanatismo, a notícia da morte de Lampião, só não vem o São Luiz". Eis uma amostra do jocoso e quilométrico cordel:

Isso é conversa fiada
— Todo mundo assim o diz
São Pedro vem... de jangada
Só não vem o São Luiz.

Vem remoção do mercado,
Mudança de meretriz,
Vem sanatório, vem gado,
Só não vem o São Luiz.

Vêm nossos cracks *da Europa,*
E com eles, por um triz,
Vinha até do mundo a copa,
Só não vem o São Luiz.

Vem papeira, vem bronquite,
Vem tifo, gripe, pleuriz,
Febre amarela, enterite,
Só não vem o São Luiz.

O eterno São Luiz

— *"São Luiz"? pergunta o povo.*
Oh que "palpite feliz"!
Vem tudo no Estado Novo,
Só não vem o São Luiz.

Vem plebiscito, eleição
Do mais vistoso matiz
Para exemplo da nação...
Só não vem o São Luiz

(...)

Apesar da morosidade e do deboche, o cinema seria inaugurado em 26 de março de 1958, e mereceria do jornal *Diário do Nordeste* a publicação desta declaração de Severiano Ribeiro:

> Entregando o São Luiz ao público cearense, sinto-me feliz de ter podido realizar uma aspiração que sempre tive, de dotar Fortaleza com uma casa de espetáculos à altura do seu progresso e do seu povo. O São Luiz está na vanguarda dos melhores cinemas, equipado com as mais modernas instalações de projeção, som e ar-condicionado. Saudando o povo de minha terra, sentir-me-ei reconhecido se meus conterrâneos fizerem do São Luiz o seu cinema.

O filme escolhido para a inauguração foi *Anastácia*, com Ingrid Bergman, Yul Brynner, Helen Hayes e Akim Tamiroff. Era uma produção da 20th Century Fox, em *cinemascope*, dirigida por Anatole Litvak. A renda da sessão inaugural seria revertida em benefício da campanha das benfeitorias dos pobres da Santa Casa. O Cine São Luiz marcou época e existe ainda hoje em Fortaleza, fazendo parte de um centro cultural.

Com o sucesso dos negócios em Fortaleza, Recife e Belém, o passo seguinte de Severiano Ribeiro seria expandir-se para o Rio Grande do Norte, onde foram arrendados, junto à firma de Américo Gentile, os cinemas Royal e Polytheama, em Natal. As casas continuariam a ser administradas pelo novo sócio e gerente, Alberto da Silva Leal.

Em seu livro *O Ceará e o cinema*, publicado em 1989, o historiador Fernando Silva Nobre destaca:

> *A premonição de Luiz Severiano Ribeiro mostrava-lhe que ele se encontrava no caminho certo e, sem muito aguardar, levou-o à expansão das suas novas atividades; assegurado o mercado de Fortaleza, não lhe foi difícil, valendo-se da experiência acumulada, estender-se às outras capitais do Norte e Nordeste; em 1926 já lhe era dado exercer o controle absoluto do mercado de exibição cinematográfica desde Recife (PE) até Rio Branco (AC); em todas as cidades até onde estendeu as suas atividades cuidou de, paulatinamente, edificar prédios adequados para o fim a que se destinavam, contribuindo de forma decisiva também para a renovação urbana e social que nelas se processou a partir de então.*

Com essas iniciativas e o acúmulo de conhecimento, Luiz Severiano Ribeiro entendia que estava pavimentado seu caminho de acesso ao grande mercado nacional: o Rio de Janeiro, a capital federal.

Capítulo 8

Praia do Flamengo, 140

O Rio de Janeiro, no início dos anos 1920, era um lugar onde se podia respirar uma saudável e constante atmosfera de otimismo. Em processo de modernização, sob a presidência de Epitácio Pessoa, a cidade tentava se reinventar a todo custo, remodelando a arquitetura de seus edifícios e implantando novos costumes para a população. Severiano Ribeiro já conhecia a cidade desde o tempo da faculdade de medicina e do prefeito Pereira Passos, cujo mandato acontecera entre 1902 e 1906. Na época, acompanhara de perto todo o início da europeização da capital, quando Oswaldo Cruz projetou a vacinação em massa da população e Pereira Passos promoveu a demolição dos cortiços na região central e portuária. Era uma medida de ordem sanitária. Para completar, a capital ainda sofria com sérios problemas de abastecimento de energia, que afetava diretamente as salas de exibição de filmes.

Após fixar seu império cinematográfico em Fortaleza, Ribeiro jamais pensou que um dia voltaria a viver no

Distrito Federal, principalmente por apostar no crescente desenvolvimento comercial do Nordeste. Desde que idealizara o primeiro *trust* exibidor da região, a responsabilidade com o abastecimento de filmes o tornara mais suscetível à idéia de não se estabelecer apenas em Fortaleza. Existia uma constante necessidade de expandir seus negócios, na medida em que houvesse saturação do mercado ou outras razões insondáveis.

O fator preponderante que o levaria para o Rio de Janeiro, entretanto, seria o mesmo que anos antes o levara ao Recife: a "sobrevivência" dos negócios. Seria preciso entrar no circuito distribuidor do Distrito Federal, estabelecer contatos e domínios para, estrategicamente, tentar suprir as necessidades do Nordeste. Algumas companhias distribuidoras do Recife haviam falido e outras fecharam as portas sem nada comunicar aos clientes. A única alternativa era sair em busca de soluções de abastecimento.

Durante as comemorações do centenário da Independência, em 1922, outros motivos comerciais levariam Ribeiro a participar dos festejos oficiais. Expressivo representante no comércio e distribuição da cervejaria Antarctica, ele chegava ao Rio de Janeiro para o grande evento. A cervejaria montara um belo camarote no centro dos acontecimentos de rua, onde oferecia ao público tulipas de chope "estupidamente gelado" em plena primavera carioca. Foi quando Ribeiro percebeu quanto o Rio havia se desenvolvido comercialmente, inclusive pelo fato de promover um evento em proporções gigantescas como o de 7 de setembro.

A cidade em nada lembrava aquela de anos antes, quando pessoas morriam de varíola nos cortiços do centro. A *belle époque* tomava conta da estética urbana trazendo consigo um clima de romantismo em cafés e galerias. Os pavilhões da Exposição do Centenário, alguns ocupando o espaço do antigo morro do Castelo, agora demolido, reuniam grandes industriais, personalidades e novidades tecnológicas de última geração. A feira incorporava um prestigiado segmento do mercado relacionado a cinema e rádio, que vivia seu momento inaugural com a célebre transmissão da ópera *O Guarani*, de Carlos Gomes, diretamente do Theatro Municipal. (Por trás dessa iniciativa estava outro visionário: Roquete-Pinto.) Severiano Ribeiro diria depois:

Ninguém percebeu, mas foi assim que nasceu o rádio no Brasil.

Logo depois, em 1925, os Ribeiro chegavam para morar, primeiro, na rua Senador Vergueiro, no Flamengo, numa bela casa com um imenso quintal, e depois na praia do Flamengo, 140, onde foi comprado um palacete de três pavimentos para uso exclusivo da família. Nos anos 1950, com a construção de um prédio de apartamentos no terreno ao lado, o 144, na esquina da rua Buarque de Macedo, Ribeiro comprou e incorporou três andares: 7º, 8º e 11º, onde iriam morar sua filha Yolanda e o filho Luiz.

Considerado um homem metódico e de hábitos simples, tinha como rotina ouvir rádio, tomar sopa, ir à missa na Igreja da Candelária e fazer a ronda dos cinemas, à noite. Sua filha caçula, Vera, ainda adolescente, muitas vezes lhe fazia companhia nesses passeios pela cidade:

> *O meu pai era muito afetivo com os filhos e tinha prazer com a nossa companhia. Ele seguia pacientemente de cinema em cinema para saber do movimento das bilheterias.*

Sua única extravagância assumida e reconhecida eram três *cadillacs* rabo-de-peixe, modelo clássico na cor preta. Eram seus únicos mimos, aos quais ele incorporou mais tarde um Dodge Dart, mantendo sempre o apoio de um carro do ano. Não se importava com roupas formais ou comidas sofisticadas, noitadas e salões sociais, mas não abria mão dos *cadillacs*. Sua neta Sonia lembra de um conforto inestimável proporcionado pelo "velho" à família:

> *Meu avô mantinha três motoristas particulares trabalhando em três turnos. Assim, à noite, quando nós, as meninas, tínhamos festa para ir, ele mandava um motorista que poderia ficar esperando até o dia amanhecer, se fosse o caso.*

(Quando partiram de Fortaleza, os Ribeiro deixaram para trás, também, a casa repleta de móveis, roupas e objetos pessoais. Eles levaram apenas o indispensável. Na segunda metade dos anos 60, quando decidiram vender os objetos que haviam acumulado desde os anos 20, eles deslumbrariam os compradores ao abrirem as portas do palacete. Em exposição pública, pela primeira vez, estavam móveis magníficos, tanto de sala de jantar como de quartos e sala de visitas, e ricos adereços trazidos da Europa. Segundo as crônicas da época publicadas em jornais, prevalecia a decoração *art-nouveau* na casa dos Ribeiro, com alguns lustres de cristal e tapeçarias diversas. Os quartos reservavam surpresas e os guarda-roupas, que permaneceram atulhados de trajes de gala e vestidos elegantes, tiraram suspiros dos curiosos visitantes. Os armários e guarda-roupas — ricos nos entalhes e na madeira nobre — seriam doados para o Theatro José de Alencar, para serem usados como cenário e as roupas como figurino.)

No prédio do Flamengo, Severiano Ribeiro se tornaria popular também por pagar os condomínios de todos os moradores com a intenção declarada de poder ocupar quantas vagas desejasse na garagem, sem ter de dar satisfação desse abuso, que passava a ser, digamos, consentido por todos.

Valente como Lampião

Quando já dominava a exibição de filmes no Norte e no Nordeste, Ribeiro ganhava dos amigos o apelido de Lampião, brincadeira que simbolizava o seu poderio naquela região. O seleto grupo de exibidores do qual Luiz Severiano Ribeiro fazia parte era favorável à união de forças para que se pudesse criar uma espécie de sindicato de exibidores, uma força significativa em relação à distribuição internacional.

Severiano Ribeiro nada esperava do mundo da política e nem mesmo se preocupava com os agitados dias vividos sob os governos de Washington Luís e Artur Bernardes. No Rio, suas únicas obrigações giravam em torno do cinema, tarefa que lhe ocupava 24 horas do dia.

Sua primeira iniciativa foi trazer a Metro-Goldwyn-Mayer como parceira, selando o fim de uma antiga rivalidade no setor de exibição, onde a empresa americana pontuava com a cadeia Metro. Sua nova proposta era abrir salas em sociedade fechada, mantendo a distribuição e exibição estável também no Nordeste, como extensão. Para a Metro, era um excelente negócio: abrir uma grande cadeia de cinemas sem correr nenhum risco.

O Brasil ainda tinha um mercado bastante restrito, com exibidores diversos e poucas cadeias de cinema que pudessem sustentar uma fidelidade mercadológica. Como Ribeiro não falava um bom inglês, mandou uma pessoa de sua confiança aos EUA para entabular negociações em seu nome. Logo depois, no início de 1926, representantes do estúdio americano chegavam ao Rio para concretizar a sociedade: estava sendo fundada a Associação dos Exibidores Reunidos.

O contato direto com a Metro, como seu único representante no país, constituía mais um aditivo ao poder de Ribeiro. Os primeiros cinemas abertos na nova parceria foram o Beira-Mar e o Atlântico, mais tarde chamado de Cinema Ritz. O arrendamento do Atlântico era, estrategicamente, um sinal da expansão dos negócios para Copacabana, onde o cinema funcionaria até o seu fechamento, em 1938.

Esse momento seria registrado pela historiadora Alice Gonzaga (1996), para quem existia um plano e um método nos passos de Luiz Severiano Ribeiro:

> Havia também um misto de ambição e cálculo nesta decisão. Com a possível chegada dos escritórios das distribuidoras americanas ao seu território de origem, o Nordeste, a disputa seria mais complicada. Para se fortalecer teria que controlar algo mais substancial. Assim, Severiano Ribeiro transferiu-se para a Cidade Maravilhosa, onde começou arrendando o Cine Atlântico, no dia 1º de junho de 1926.

Em seguida, em mais uma ação de impacto, ele arrendava o Cine-Teatro Centenário, na praça Onze, de propriedade da senhora Angiolina Grimaldi, que participara das comemorações do centenário. Logo depois, o cinema passaria para as mãos do empresário Francisco Serrador, que não teve sucesso na empreitada e decidiu fechá-lo. Mas Ribeiro, que não temia o estigma do fracasso, se interessou em fazer negócio. No caso do Centenário, ele examinou bem a situação, chegando ao seguinte diagnóstico: a casa não estava localizada em região elegante, mas suas características geográficas e sociais eram nitidamente populares e possivelmente de resultado rentável. Depois de uma rápida reforma, o cinema — um portentoso espaço para 1.600 lugares — estava funcionando a pleno vapor e rendendo mais que o esperado. Foi uma manobra bem-sucedida.

A persistência e a capacidade de Severiano Ribeiro acabariam por deixá-lo sempre em posição de liderança no seu grupo. Em 1933, junto com outros exibidores cariocas, ele fundava o Sindicato Cinematográfico de Exibidores, que iria funcionar na praça Floriano, 7. Logo nos primeiros encontros Ribeiro seria eleito presidente do sindicato, tendo como companheiros de diretoria os nomes mais importantes em atividade no ramo: Júlio Marc Ferraz, Domingos Vassalo Caruso, Luís Gonçalves Ribeiro e Joaquim Machado. Do conselho de conciliação faziam parte Francisco Serrador, Generoso Ponce Filho e Vital Ramos de Castro; a comissão fiscal era formada por Ademar Leite Ribeiro, Altamiro Ponce, Domingos Segreto e Antônio Morena.

Presença indispensável nas reuniões entre Roquete-Pinto e os representantes da Associação de Produtores e do Sindicato de Exibidores, Luiz Severiano Ribeiro participava ativamente das decisões de cada assembléia. Os assuntos eram variados, desde a formulação de uma tabela de preços para o aluguel de filmes nacionais até os debates sobre locação de imóveis e direitos de cada sindicalizado. Nessas reuniões discutiam-se formas de sobrevivência no mercado cinematográfico de modo geral.

Para o escritor Fernando Silva Nobre, a experiência de Ribeiro em terras cariocas foi um êxito:

Considerava-se recompensado com os resultados já obtidos e estimulado para a abertura de novos e maiores horizontes; lamentava somente que não se fizessem filmes brasileiros de qualidade para satisfazer a avidez do público pelas nossas coisas. A parte industrial da sétima arte, se bem que o atraísse, não era o essencial para ele: o seu compromisso primeiro e maior era com a exibição. Sentia alegria e prazer por motivo da inauguração de cada novo cinema da sua cadeia; esperava que outros cuidassem da produção, deixando-lhe o campo livre para a exploração comercial, que ele conhecia como ninguém.

Mas nem tudo era um mar de rosas para Severiano Ribeiro. Seu estilo agressivo irritava alguns empresários que, invejosos ou tementes de concorrência, comentavam de forma desfavorável o *trust* que ele havia criado no Nordeste. Ribeiro representava, segundo alguns, uma força danosa no mercado com ameaça de monopólio. A imprensa seria a primeira a criticar sua atuação, em reportagem na importante revista *Cinearte*, edição de 29 de dezembro de 1926, que insinuava ser negativo para o mercado de cinemas "Luiz Severiano Ribeiro dominar grande número de casas exibidoras numa única cidade". Em outra abordagem, na edição de 20 de outubro de 1926, a mesma revista opinava que as negociações entre a Metro-Goldwyn-Mayer, First, Reunidas e a empresa Serrador tinham tudo para dar certo, mas lamentava:

Para o consórcio, entra, porém, o sr. *Luiz Severiano Ribeiro, que controla toda a cinematografia no Norte do Brasil, de Pernambuco ao Acre.*

Nesse universo de intriga e fofocas, abriam-se e fechavam-se empresas interessadas em conquistar fatias do mercado exibidor, capitaneadas por empresários como Vital Ramos de Castro, Adhemar Leite Ribeiro e seu irmão Vivaldi Leite Ribeiro e... o cearense Luiz Severiano Ribeiro, que trazia na bagagem suas conquistas no Nordeste. Na opinião da historiadora Alice Gonzaga, foi um momento marcante:

> Dos quatro, o que colecionaria mais reveses inicialmente seria Severiano Ribeiro. Ao lado de um programa de construção ou reforma de cinemas populares, responsável pela entrada em funcionamento dos novos América, Grajaú e Floriano, desenvolveu um conturbado plano de grandes salas. Começou em junho de 1932 pela aquisição feita por um de seus sócios, Mário Novis, dos terrenos do futuro Cine Pirajá. Levaria quatro anos para inaugurar a sala.

Num futuro próximo e diante da reversão de expectativa, esses ataques se transformariam em preconceito explícito, como neste comentário da mesma revista onde Luiz Severiano Ribeiro era atacado por ser nordestino (com a grafia original):

CINEARTE — Nº 371 — 15-VII — 1933

> *Copacabana vai ter um novo cinema. Isto é, provavelmente dois.*
>
> *Felizmente. Não se desculpa o bairro mais "chic" do Rio com duas espeluncas como o Atlântico e o Americano. Um dos novos não seria da Empresa Ribeiro, mas que seja, não faz mal.*
>
> *Luiz Severiano Ribeiro é apenas o "Lampeão" no Norte que vive amarrado a exhibir Films velhos. No fundo é um bem intencionado. No Rio, o perigo é do seu bando. O "Corisco" e outros. Há de tudo. Conductores da Light dispensados, seductores de bilheteiras, etc. O seu bando de gerentes é que é perigoso aqui no Rio...*

Despreocupado com relação aos preconceitos e ataques, Ribeiro continuava seu trabalho com notável tenacidade. Desde a chegada, anos antes, ele notara que havia um grande potencial a ser explorado com os cinemas de bairro, nos quais existia a maior concentração de residências. Este seria um ponto de discórdia entre ele e o espanhol Francisco Serrador, que acreditava na concentração das salas, seguindo uma tendência iniciada em 1907 quando Paschoal Segreto construiu três pequenos cinemas no bairro, entre eles o Parque Fluminense e o Salão Paris. Agora, com renovada tecnologia, Serrador tinha um novo sonho para construir e até já imaginava o nome da novidade: Cidade dos Cinemas, a Broadway brasileira.

Capítulo 9

Um lugar chamado Cinelândia

O INÍCIO DAS OBRAS do novo pólo cinematográfico, em setembro de 1923, daria a Francisco Serrador (dez anos mais velho que Ribeiro) o merecido título de primeiro *tycoon* tupiniquim. Ele conhecia Hollywood e havia estudado, durante três anos, a indústria e o comércio de cinema nos Estados Unidos. Há quem garanta que primeiro Serrador teve a idéia e depois foi estudar a logística do grande mercado. O certo é que, de volta às terras brasileiras, ele iria demarcar experiências pioneiras com salas de projeção em Curitiba e São Paulo, antes de se fixar no Rio de Janeiro. Serrador acreditava na fórmula de concentração temática para transformar o espaço em atração cultural — e tinha o apoio de todos os sócios da Companhia Cinematográfica Brasileira, que reunia várias empresas exibidoras.

Ambicioso (ele costumava dizer: "Eu vim ao Brasil remando com meus próprios braços"), sonhava em aproveitar o padrão estabelecido pelos prédios do Theatro

Municipal e da Escola Nacional de Belas-Artes para construir um bairro sofisticado e culturalmente atraente, numa visão européia de cidade e negócios. O terreno, um descampado que outrora pertencera ao convento da Ajuda, ficava virtualmente entre o teatro e o Palácio Monroe, que seria demolido décadas depois. No outro sentido, os limites eram a praia de Santa Luzia e o morro de Santo Antônio. Os cronistas da época garantem que o movimento de carros, bondes e as conversas de bar, nesta região, tinham tornado a meditação e o recolhimento espiritual impraticáveis no Convento da Ajuda, que mudava de endereço.

Serrador chamava o novo projeto de Cidade dos Cinemas, que no início seria conhecido como Bairro Serrador e, mais tarde, o povo consagraria como Cinelândia. O primeiro cinema dentro da nova orientação seria o Capitólio, inaugurado em 23 de abril de 1925; depois vieram o Glória e o Império, no mesmo ano. O Capitólio, que tinha 1.300 lugares, passaria para as mãos de Severiano Ribeiro apenas na década de 1950.

Para a historiadora Alice Gonzaga, a visão que temos hoje do empreendimento criado por Serrador não oferece uma idéia precisa das dificuldades encontradas por ele, no início, para dinamizar o descampado:

> Serrador lutou muito para afastar a má fama que sobre ele pesava. Chegou a colocar ônibus gratuito circulando pela avenida Central para levar o público até os cinemas. Paralelamente, tornou-se sócio a fundo perdido (pois se

Um lugar chamado Cinelândia 97

retirava mais adiante sem pedir ressarcimento) dos mais variados empreendimentos, injetando capital em lojinhas de engraxates, confeitarias, barbeiros... Facilitava também os preços dos aluguéis dos escritórios, procurando com isso engrossar a população em trânsito pelos arredores.

Havia expectativa na cidade com relação ao novo projeto, desde que Serrador anunciara que o empreendimento buscaria atrair a elite de Botafogo e de Copacabana, pois 70% do público que freqüentava a avenida (Central) vinham desses bairros chiques. A revista especializada *Palcos e Telas* comentava que logo iriam chegar "filmes que valem por verdadeiras maravilhas do mundo moderno".

Ribeiro enxergava o projeto de Serrador com certa crítica. Ele apostava nos cinemas de bairro, onde o aluguel (ou aquisição) dos edifícios seria mais barato, e o investimento, mais seguro. Seus primeiros cinemas no Rio estavam fora do eixo da Cinelândia, como o Beira-Mar, no Leblon, e o América, na Tijuca, construído em 1933 com capacidade para mais de mil espectadores.

O negócio de exibição era, àquela altura, um excelente investimento reservado a poucos, pela própria natureza do mercado, cheio de altos e baixos. Alguns dados estatísticos ajudam a entender o cenário:

Em 1924, foram exibidos 1.477 filmes no Brasil, sendo 1.268 de produções norte-americanas, ou seja, 86% do total de filmes exibidos. Em 1933, existiam no país 1.683 salas de exibição.

Ao longo das décadas, os números e o mercado iriam oscilar em ondas de picos ou depressões, como esta registrada nos anos 30, responsável pelo fechamento de mais de 200 cinemas no país. Os anos 40, pelo contrário, seriam reconhecidos novamente como de "recuperação" do mercado. Nessa época, o ponto central da cidade, quer seja pelo charme das lojas, quer seja pela efervescência social e política, era a rua do Ouvidor, onde tudo acontecia. Ali estavam instalados os principais jornais da capital — *A Nação, Diário de Notícias, O País, Jornal do Commercio*, e as boas salas de projeção. A rua do Ouvidor, por ser famosa e popular, inspirou o escritor Joaquim Manuel de Macedo, autor do clássico *A moreninha*, a escrever e publicar, em 1890, o livro *Histórias da rua do Ouvidor*. A livraria e editora José Olympio ficava no número 110. A pesquisadora Isabel Lustosa, estudiosa da história do Rio de Janeiro, oferece uma visão particular sobre o cotidiano dessa sociedade:

> *Enquanto as esposas compravam, os maridos bebiam o chopp honesto da Confeitaria Cailtau, mais tarde sobrepujada pela Pascoal, que durante muitos anos foi o ponto de encontro preferido da boêmia literária do final do século XIX.*

A principal iniciativa de Ribeiro com relação à Cinelândia, entretanto, seria propor o fim da parceria com a Metro-Goldwyn-Mayer, que na sua avaliação não se mostrava à altura do espírito empreendedor do grupo. Ribeiro deu a cartada final para resolver o impasse quando fez a proposta:

Um lugar chamado Cinelândia

Ou vocês me compram ou eu compro vocês.

A sociedade foi desfeita em 1931, com Ribeiro comprando a parte da companhia americana nas salas. No mesmo momento, ele comprava os cinemas Avenida, Ideal, Velo e Americano, sendo que deste último arrematava inclusive o imóvel.

Mesmo acreditando em outra estratégia, mas fazendo parte do *trust*, Ribeiro iria aderir à idéia da Cinelândia, arrendando de Francisco Serrador o sofisticado Cine Odeon.

Inaugurado em 1926, com capacidade para 951 lugares, o Odeon foi uma das mais sofisticadas salas do Rio de Janeiro. Era comum os cavalheiros vestirem *smoking* para freqüentar seus salões, cujo ingresso custava cinco mil-réis — preço alto para os padrões da época. A decoração neoclássica e a bela iluminação partindo de três majestosos lustres rimava com requinte e beleza. Os porteiros e a brigada de lanterninhas vestiam-se a caráter dentro do enredo do filme em cartaz — sem contar os camarotes, que ferviam com o público mais seleto e sofisticado. Uma orquestra com quinze músicos e dois maestros dava o tom num ambiente de sonho e fantasia. Havia um cheiro de tabaco e perfume francês no ar, ao som de cavaquinho e *bandoneon*.

O Odeon seria considerado o terceiro cinema de categoria construído na capital federal; os outros dois eram os cines Parisiense e Pathé, ambos na avenida Central (atual Rio Branco). Não raro, na época, as sessões eram interrompidas por falta de energia elétrica e os ingressos devolvidos — situação que foi se normalizar com a instalação dos primeiros geradores, pioneiramente no Cine Cascadura e, bem mais tarde, no Cine Veneza.

Na montagem da luminosa Cinelândia, uma das boas decisões estratégicas de Severiano Ribeiro, em nome do *trust*, seria fechar alguns cinemas da área, entre eles o Cine Glória, que ele considerava "um cinema mixuruca". Era o que se convencionou chamar de cinema "poeira", ou seja, cinema de segunda ou terceira categoria. Como conseqüência, o perfil das salas remanescentes na Cinelândia iria contemplar a elegância e o bom gosto, seguindo o padrão do Odeon.

No contexto político, a Revolução de 30 aproveitaria o cenário para emoldurar o vitorioso gesto de Getúlio Vargas, que, acompanhado de um séqüito de gaúchos correligionários, chegava a cavalo para tomar o poder no Catete e, de assalto, o obelisco na Cinelândia. Era o início do que se convencionou chamar de Nova República.

Ainda na década de 1930, Ribeiro arrendaria outros cinemas, entre eles o Atlântico e o Americano, expandindo seus negócios para a zona sul. Como observa Alice Gonzaga:

> *O expressivo desempenho exibido por Luiz Severiano Ribeiro não significava que a outra metade do circuito se tivesse conformado a um papel secundário. A perspectiva de crescimento apresentou-se para todos, e o mercado*

deu sinais, até certa altura, de que comportaria inúmeras outras tentativas de formação de grandes cadeias.

Em dois anos de trabalho, Ribeiro havia conquistado um cinema de ponta e 14 salas em três áreas estratégicas da cidade, onde se apresentava a demanda. Era austero no trato com a economia e, certa vez, quando assumiu a presidência da Companhia Brasileira de Cinemas, abaixou o próprio salário. E seria recompensado por isso: em maio de 1948, Severiano Ribeiro tinha 47 casas de exibição no Rio — quatro anos depois, o número era superior a 60. Lampião era agora o líder do mercado carioca.

Boa palavra

Como já acontecia no Ceará, também agora Ribeiro seria conhecido por estimular o empenho da palavra como valor superior ao da duplicata preenchida e assinada em cartório. Nessa época, chegava ao Brasil como representante e alto executivo da United Artists Enrique Baez, natural de Cuba. A United era a maior produtora de filmes do mundo, numa época onde suas estrelas eram Charlie Chaplin, Douglas Fairbanks, Mary Pickford e D.W. Griffith.

Severiano Ribeiro e Enrique Baez iriam se tornar grandes amigos, além de parceiros comerciais. A relação entre os dois não se limitava aos compromissos entre as duas empresas. Baez seria um eficiente colaborador de Ribeiro durante sua adaptação no Rio, auxiliando-o, sobretudo, nas relações com os grandes estúdios e investidores do mercado internacional. Mais tarde, esta amizade seria consagrada com o casamento de Sonia Severiano Ribeiro, sua neta, e Sergio Baez, filho de Enrique, selando definitivamente a união das duas famílias.

Certa vez, Severiano e Baez fecharam um negócio e o trâmite foi exemplar, seguindo o protocolo da palavra empenhada. Uma semana depois, Ribeiro aparecia no escritório de Baez para pedir sua palavra de volta porque, segundo ele, infelizmente, não seria possível concretizar o negócio e nem sustentar a palavra. Ele foi claro:

> Se você puder me devolver minha palavra, eu agradeço. Caso contrário, e como decisão final, eu assumo a dívida e perco o dinheiro.

Então eles desfizeram o acordo e tudo ficou resolvido sem desgaste. Este comportamento, folclórico na sua lisura, seria comum durante a vida inteira: Severiano Ribeiro não fugia às responsabilidades.

Um amigo se lembra de ter ouvido, algumas vezes, Baez se queixar de que "Lampião me deixa num aperto, pois atrasa o pagamento das minhas faturas. Ele paga, mas atrasa." Ribeiro, com muito humor, tinha sempre uma resposta na ponta da língua:

> Estou aplicando o dinheiro a prazo para poder investir em mais cinemas e, assim, melhorar o mercado para vocês, produtoras estrangeiras.

Parcerias

Antes é preciso lembrar que, na época, os estúdios americanos e europeus dominavam a produção de filmes e, quaisquer que fossem as pretensões de um exibidor, seria prudente esquematizar algumas parcerias com eles. Assim, uma importante parceria seria estabelecida com a formação da empresa Fox Severiano Ribeiro, não apenas nos aluguéis de filmes, mas através da construção de dois cinemas: Palácio, no Rio de Janeiro, responsável pelo lançamento do sistema de Cinemascope no Brasil, com o filme *O manto sagrado*, e Cine Marrocos, em São Paulo, com o sócio Lucidio Seravolo. Como havia um acordo com Francisco Serrador para que Ribeiro não entrasse em São Paulo, essa parceria fomentou o boato — entre empresários paulistas — de que finalmente o velho Lampião havia furado o cerco. Eram boatos infundados, como ficaria comprovado mais tarde. Assim, durante décadas, Severiano Ribeiro e Serrador seriam donos das duas maiores cadeias de cinemas do país, cada um dominando uma grande parcela do mercado das duas cidades. Somente em 2002, finalmente, o Grupo Severiano Ribeiro entraria no mercado paulista.

Depois de acertar o aluguel de filmes também da Warner Brothers, da RKO e da Metro, numa espetacular seqüência de contratos, o circuito LSR fechava o leque das grandes distribuidoras. As salas de exibição com sua grife se multiplicavam no Rio de Janeiro e em outras cidades.

Estava criado o *slogan* que seria a marca registrada do grupo até hoje:
Cinema é a maior diversão.
O peso do nome de Luiz Severiano Ribeiro no mercado nacional era considerável, pois ele sozinho era um mercado.

UCI

Por trás da sigla está a empresa United Cinemas International, parte do grupo americano National Amusements. Atualmente presente em sete cidades brasileiras, com quarenta salas nos principais *shopping centers* do Brasil, a UCI mantém parceria com o Grupo Severiano Ribeiro nos multiplex Tacaruna e Recife, na capital pernambucana, Iguatemi em Fortaleza e Norte Shopping, no Rio. Sinônimo de tecnologia, a UCI completou, em 2006, nove anos de operações no Brasil, onde investiu cerca de R$ 175 milhões na implantação de 11 complexos em sete cidades. Também investe cerca de R$ 2 milhões em outras áreas como reformas e investimentos. Essa parceria é considerada estratégica pelas duas empresas.

Capítulo 10

Luiz Severiano Ribeiro Júnior

A CONSOLIDAÇÃO DO IMPÉRIO de Luiz Severiano Ribeiro se daria com a abertura de novas salas, dezenas delas, e com a entrada em cena do filho, Ribeiro Júnior, que desde cedo indicava que iria seguir os passos do pai. Ele tinha apenas quatro anos quando o negócio de exibição cinematográfica entrou em sua casa.

Ainda jovem, Ribeiro Júnior foi estudar na Universidade de Londres, onde se formou em Business, um curso similar ao de administração de empresas. Ao contrário do pai, falava muito bem o inglês, e passaria o início da década de 1930 viajando pela Europa, aproveitando para estudar alemão em Berlim, num clima de pré-guerra.

Estatura esguia — o ombro esquerdo levemente inclinado para baixo, uma marca registrada da família —, Ribeiro Júnior tinha bom gosto e boa educação, embora não haja registro de qualquer aproximação dele com a literatura ou as artes, de um modo geral. Ao contrário do pai, entretanto, gostava de filmes e tornou-se leitor compulsivo de revistas especializadas, quase todas importadas.

Também ao contrário do pai, que era afetuoso, Ribeiro Júnior era de poucas palavras e raramente revelava sentimentos. Como o pai, entretanto, gostava de carros de primeira linha, porém mais modernos, como os sofisticados Mercedes-Benz, que conhecera quando de viagem pela Alemanha. (Como também é verdade que, mais tarde, seria visto dirigindo um simplório fusquinha com o qual gostava de chegar às elegantes festas cariocas.)

Naquela época, o cinema alemão — que recebia incentivos do governo — já tinha produzido os talentos de Ernest Lubitsch, Fritz Lang (*Metropolis*, 1925) e F.W. Murnau (*Fausto*, 1926), fenômenos das telas que não passaram despercebidos pelo jovem brasileiro.

Anos depois, Ribeiro Júnior manifestaria seu horror com a instalação do nazismo, que acompanhara de perto, tendo ele próprio sido preso pela SS por fotografar e enviar material "suspeito" ao Brasil. Testemunhou com espírito crítico as restrições aos judeus, proibidos de freqüentar lojas, cafés e restaurantes em cidades alemãs. Começava uma época de trevas no mundo ocidental. Outro brasileiro, o escritor Moacyr Werneck de Castro, na época com 20 anos, também estava em Berlim nessa ocasião e, mesmo sem conhecer Ribeiro Júnior, teria uma experiência semelhante, mais tarde relatada no livro *Europa 1935*:

Na noite de 14 de julho de 1935, um domingo, Berlim foi cenário de uma grande manifestação anti-semita.

Desse acontecimento participei na qualidade de testemunha ocular e vítima, pois fui detido, revistado e agredido. O meu passaporte brasileiro me salvou. O bando se aproximou aos gritos de "morte ao judeu". A violência de massa contra os judeus ensaiava os primeiros passos. Três anos mais tarde, terminava essa fase e começaria outra, a política do extermínio.

A aproximação e simpatia de Ribeiro Júnior pela causa dos oprimidos lhe renderiam dividendos no futuro, quando seu posicionamento seria reconhecido pela comunidade judaica ligada ao cinema internacional, presente na grande maioria dos estúdios americanos. Uma coisa estava clara: ele não era anti-semita.

A Europa que conhecera estava adoecida pela guerra. Os valores humanos do Velho Mundo foram devastados pelas ações extremistas de alguns governos radicais. Ribeiro Júnior conhecia as faces do autoritarismo crescente, via nazismo e fascismo, e tinha aversão a tiranias de qualquer espécie.

Antecipou sua volta ao Brasil trazendo dentro de si a transformação causada pelo choque cultural e pelo aprendizado nos bancos acadêmicos da Inglaterra. Sua fome de cultura e a busca pelo novo estavam cristalizadas no centro de sua personalidade.

Quando retornou, em 1935, os negócios do pai estavam explodindo de vigor. Ele assumiria, de início, as responsabilidades como programador da cadeia de cinemas, manifestando o desejo também de produzir filmes, e não apenas exibi-los. Entre suas qualidades como administrador estava a facilidade em se comunicar com a diversidade do mercado e a serenidade que demonstrava nos momentos difíceis. Era reconhecidamente organizado e executor de planos minuciosamente calculados, sempre preservando uma ousadia característica e espontânea que herdara do pai.

Por fim, como mandava a tradição nordestina, o poder do filho homem prevalecia nos negócios, pois às mulheres estava reservada a tarefa de casar e cuidar e administrar o cotidiano do lar. Assim, era natural até mesmo para suas irmãs que Ribeiro Júnior assumisse um posto de comando na empresa, ao lado do pai. As negociações internacionais, que até então eram conduzidas com o auxílio de Enrique Baez, principalmente pela fluência no idioma inglês, agora seriam conduzidas por Ribeiro Júnior.

Foi assim durante a inauguração do Cine Rian, em Copacabana, cujo convite formal, assinado pelos dois, fazia referência velada às dificuldades acarretadas pela Segunda Guerra Mundial, em curso:

> *Aproveitando o ensejo, fazemos os mais fervorosos votos pela felicidade e grandeza de todos, e para que volte a reinar, o mais cedo possível, a PAZ UNIVERSAL, a fim de que possa continuar o seu extraordinário ritmo de progresso, o nosso querido Brasil!*
>
> Rio, 28 de novembro de 1942.

O filme inaugural do Cine Rian (anagrama de Nair de Teffé, esposa do presidente Hermes da Fonseca e conhecida caricaturista da revista *Fon-Fon*) tinha a marca de Hollywood: *Aconteceu em Havana*, produção da 20th Century Fox com um elenco considerado "de primeira linha": Alice Faye, Carmen Miranda, John Payne e Cesar Romero. Conhecida como assídua freqüentadora dos cassinos da cidade, não raro Nair de Teffé passava no escritório de Severiano Ribeiro, durante a noite, com o objetivo de sacar algum adiantamento que lhe permitisse saldar as dívidas acumuladas na roleta e no *bacarat*.

Filho de Lampião

Foi sem o apoio do pai, já conhecido como "Imperador" do setor de exibição, que Ribeiro Júnior decidiria abrir a central de distribuição UCB e entrar como sócio na produtora Atlântida Cinematográfica, criada por Moacyr Fenelon, José Carlos Burle e Alinor Azevedo. Estava começando a lenda de um dos maiores empresários brasileiros no setor cultural e de entretenimento.

Ribeiro Júnior, no melhor espírito carioca, foi morador da rua Paissandu, no Flamengo, e, mais tarde, do novo bairro Leblon, na emergente zona sul, onde vivia numa casa de dois andares equipada com confortável cinema, na rua Codajás, 407, hoje Jardim Pernambuco. Sua vida social era intensa, mas a família vinha em primeiro lugar. Não era exatamente um esportista, mas arriscava alguns movimentos nas quadras de tênis como recreação. Ao contrário do pai, que era torcedor do Botafogo, gostava de levar os filhos e netos para as domingueiras festivas no Maracanã, onde assistia impassível aos lances mais emocionantes do seu querido Flamengo. Não raro foi visto no setor de cadeiras especiais ao lado da mulher e das filhas.

Em casa, durante os jantares ou almoços dominicais, quando todos apareciam para encher a casa, eles eram servidos à francesa, com garçons de luvas brancas e o chefe da família sentado à cabeceira da mesa. Por imposição dele, apenas assuntos agradáveis poderiam ser colocados em pauta nessa hora, numa obediência cerrada à liturgia dos bons costumes.

Assim que os netos ficaram rapazes, com 18 ou 19 anos, Júnior convocaria dois deles, filhos de Sonia Severiano Ribeiro, para uma viagem às origens, percorrendo o roteiro da família, que começava em Baturité, Fortaleza, passava por Recife e terminava no Rio de Janeiro. Foi uma viagem significativa, pois juntos eles foram conhecer os cinemas, as casas e os lugares importantes na história do clã.

A atriz Norma Bengell, que trabalhou para as empresas de Ribeiro Júnior no início da carreira, imitando Brigitte Bardot e fazendo beicinho, tem uma única definição para o patrão:

Chiquérrimo!

Já maduro e exercendo plenamente o comando de suas empresas, Ribeiro Júnior se destacaria como um homem de opiniões, muitas vezes polêmicas, outras apenas emitidas em defesa da fama de "agressivos" que ele e o pai tinham no mercado:*

---

*Esta crônica de Sergio Porto (Stanislaw Ponte Preta), publicada na revista *Manchete*, em outubro de 1954, oferece uma boa amostra da crítica que se fazia às empresas e ao estilo de Ribeiro Júnior, acusado explicitamente — como se crime fosse — de querer transformar o cinema numa indústria. O trecho faz parte de uma ampla reportagem com o título *Os Donos do Rio*, onde o jornalista direcionava sua artilharia também contra Carlos Machado, o dono da noite, José Vasconcelos Carvalho, das lojas Ducal, o dono da roupa, e José Olympio, o dono do livro. A reportagem especulava sobre o poder desses empresários, justificando que "uns mandam por direito de conquista, outros por competência, outros ninguém sabe por quê":

A toda hora os jornais anunciam as investidas dos proprietários de cinemas para aumentar o preço das entradas. Motivo alegado: o cinema no Rio cobra um dos mais baixos preços do mundo. Se isto, por um lado, é verdade, não é menos verdadeiro o fato de serem os cinemas da capital, em relação ao progresso da cidade, os piores do universo. Aqui, como em Fortaleza, Recife, Belém, Belo Horizonte, Petrópolis, etc. o dono do cinema é o Sr. Luiz Severiano Ribeiro. Ou melhor, são os srs. Luizes Severianos Ribeiros, pai e filho, cearenses, administrando o segundo as dezenas de cinemas acumulados pelo primeiro.

Mas não é somente por serem os donos da maioria das casas de espetáculos referidas que os Severianos são os donos do cinema. O "trust", iniciado pelo pai e continuado pelo filho, vai muito mais longe e é muito mais funesto à indústria cinematográfica brasileira do que se pode pensar.

Deixando de lado as salas de projeção da Cia. Brasileira de Cinemas (dos Severianos), salas que, na maioria dos casos, não correspondem à mais comezinha regra de higiene e que se impõe às cias. produtoras e distribuidoras estrangeiras com uma pesada percentagem na renda dos filmes exibidos, vamos encontrar a União Cinematográfica Brasileira (dos Severianos), que controla a produção dos pequenos distribuidores.

> *O melhor fator de aperfeiçoamento, em qualquer atividade humana, é a livre concorrência.*

Certa vez, quando lhe perguntaram sobre o desenvolvimento do cinema nacional, que ainda engatinhava em termos técnicos e artísticos, Ribeiro Júnior (ele se dizia cansado de ouvir reclamações sobre a falta de gestos e expressões dos atores nacionais) estava pronto a opinar:

> *Considero indispensável uma escola profissional para diretores, atores e técnicos de cinema. Claro que não criará gênios, como o ato de aprender a ler e escrever também não cria escritores. Mas pode libertar talentos e desenvolver qualidades.*

Somente confiando à UCB os seus filmes, conseguem os pequenos distribuidores vê-los em exibição num maior número de cinemas; fazendo-se a partilha da renda da seguinte forma: 50 a 60% para o exibidor (Severianos). Do que sobra, 30% são para a UCB (Severianos), restando 20% para quem importou ou produziu a película.

Os "shorts" nacionais, como se sabe, são, por lei, obrigatoriamente exibidos nas sessões cinematográficas. Ainda neste setor existe a Cinegráfica S. Luiz (dos Severianos) que os exibe nos cinemas dos Severianos e são alugados depois para as outras cias. Aliás, a Cinegráfica S. Luiz possui também um laboratório de copiagem e uma tipografia que são impostos àqueles que distribuem seus filmes através da União Cinematográfica Brasileira.

Finalmente, vem a nefasta lei dos "8 por 1", uma lei criada para incentivar a arte cinematográfica no Brasil, mas que serve apenas para ajudar aos que fazem do cinema uma indústria. Chamam-na "8 por 1" porque obriga os exibidores a programarem um filme brasileiro para cada oito estrangeiros. O exibidor aluga qualquer abacaxi, e volta à programação normal.

Quando era levado a abandonar seu posto de *gentleman*, o que acontecia com alguma freqüência, Ribeiro Júnior — que andava com um revólver 38 na pasta sanfonada, abarrotada de papéis — usava uma boa dose de sinceridade e ousadia para marcar posição:

> *Um grande incentivo ao cinema brasileiro seria a eliminação drástica e impiedosa de aproveitadores e incompetentes — o joio pernicioso que macula a nossa seara cinematográfica.*

Outras vezes, quando tentava explicar os ataques das críticas em jornais e revistas, disparadas por uma esquerda combativa e patrulheira — que o acusava de oferecer quantidade e não qualidade de serviço —, sua sentença era lacônica, parodiando Platão, que dizia "tudo que é grande se expõe à tempestade":

> *Eles não vão atirar em formigas. É mais fácil acertar no elefante, animal vistoso que ocupa espaço.*

Por fim, a visão de um empresário de ponta que manteria uma intensa e cordial relação com as multinacionais:

> *As empresas estrangeiras usufruem a posição de controladoras do mercado, apoiadas pelo gosto do público. Abusam dessa prerrogativa? O certo é que fazem a pressão que lhes é facilitada pela posição que ocupam. É o mercado.*

Capítulo 11

UCB

A União Cinematográfica Brasileira, liderada por Ribeiro Júnior, desde sua fundação em 1943, surgia como um marco na história da distribuição de filmes no Brasil. A produção cinematográfica doméstica, durante décadas, sofrera com a falta de estrutura para escoar seus produtos de forma eficaz, mesmo quando se pretendia cobrir apenas o território nacional. Os novos regulamentos instituídos pelo Departamento de Imprensa e Propaganda (DIP), órgão criado por decreto durante a ditadura Vargas, estabeleciam a obrigatoriedade de cotas para a exibição de filmes brasileiros. Ribeiro Júnior, mesmo sendo contrário às cotas, iria apostar na idéia de oferecer a ferramenta fundamental para que o filme pudesse ser visto: a distribuição. E mais: seria um projeto especial também por ser o seu primeiro investimento independente, uma idéia sem a influência do pai. A UCB fora criada, portanto, antes da Atlântida, mas sua importância se daria na distribuição da produção doméstica, ou seja, das chanchadas.

A legislação do governo Vargas tinha a intenção de favorecer o horário de lazer e entretenimento do trabalhador e ao mesmo tempo desenvolver e popularizar o cinema nacional, como um produto industrial. Sabia-se, naquele momento, que muitos brasileiros deixavam de freqüentar os cinemas por não se adaptarem às legendas ou até mesmo por rejeitarem o universo cultural apresentado nos filmes estrangeiros. A iniciativa de Vargas visava popularizar a produção nacional como parte de um projeto global de amadurecimento da identidade nacional, uma das marcas do seu governo.

Na avaliação do pesquisador Marco Antonio Bettine de Almeida, em seu artigo "Lazer no Estado Novo e os usos do tempo livre (1937-1945)":

> *O cinema atuava como um instrumento informativo que contribuía para a formação do povo brasileiro em novas bases. As bases que propunha Getúlio estavam relacionadas às mensagens de cunho nacional-patriótico de forma a enaltecer a nação e despertar na população o orgulho pela sua brasilidade.*

Os primeiros passos de Ribeiro Júnior na criação da UCB foram dados com muita cautela, principalmente pelo fato de ainda se tratar de um projeto experimental. A idéia central era ir aos poucos comprando o controle acionário de pequenas, médias e grandes distribuidoras, nessa ordem de preferência. A maior delas, naquela época, era a

Luiz Severiano Ribeiro na década de 1930

LSR, de terno, no balcão da livraria

O anúncio da Casa Ribeiro é uma relíquia

Seminário da Prainha, Fortaleza

Hotel de France, Fortaleza

Cena de *Jockey da morte*, cartaz
na inauguração do Cine Riche

Cine São Luiz, praça do Ferreira, Fortaleza

Platéia do Majestic, Fortaleza, 1917

Até o incêndio no Cine Majestic, em Fortaleza, foi espetacular

Cine Moderno anuncia sessões femininas

Edifício Odeon, um dos primeiros da Cinelândia

O palacete da Praia do Flamengo

A avenida Central, no Rio de Janeiro, atual Rio Branco

Luiz Severiano Ribeiro e família embarcam no zepelim

Os pioneiros da Cinelândia: Luiz Severiano Ribeiro e Francisco Serrador aparecem indicados pelas setas sob os pés

No início dos anos 1930, o Cine Odeon fazia a fama da Cinelândia

Cena trivial em frente ao Cine Palácio, na Cinelândia

Inauguração do Cine São Luiz, Rio de Janeiro

Platéia da inauguração do Cine São Luiz, Rio de Janeiro, 1933

A entrada do São Luiz, homenagem ao Radio City Music Hall, em Nova York

Cine São Luiz, Rio de Janeiro

Cine Palácio, Rio de Janeiro

O time de lanterninhas do Cine São Luiz, Rio de Janeiro

Luiz Severiano Ribeiro em viagem de navio com amigos

Encontro de gigantes no cais do Rio: Luiz Severiano Ribeiro e Assis Chateaubriand

Luiz Severiano Ribeiro e funcionários da empresa

Na Alemanha, na fase de estudos, a paixão pelos carros

Ribeiro Júnior, à esquerda, com amigos em Berlim: fase de estudos

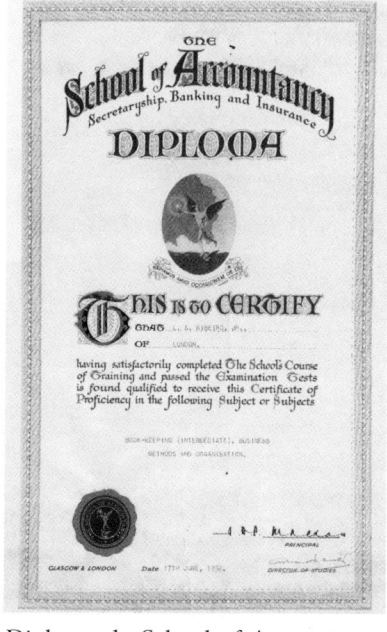

Diploma da School of Accountancy

Encontro no Sindicato de Exibidores com distribuidores estrangeiros

Segurança máxima no aeroporto: Baez acompanha o desembarque dos filmes da United, com escolta policial

Ribeiro Júnior e a atriz Ninon Sevilha (à direita), 1952

Ribeiro Júnior entre os atores Tyrone Power e Cesar Romero

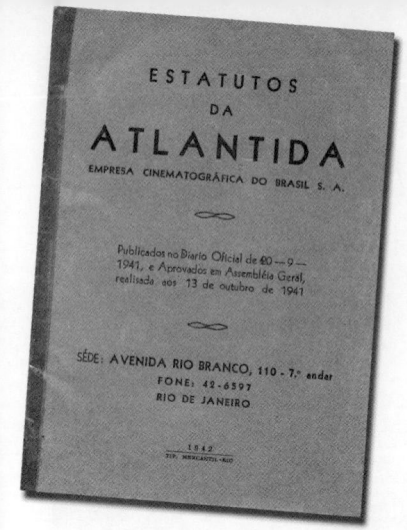

Fac-símile dos estatutos da Atlântida

Vinheta de abertura dos programas era detalhe de um filme alemão

Matar ou correr: o duelo entre José Lewgoy e Oscarito

Oscarito e Fada Santoro em *Nem Sansão nem Dalila*, 1954

Adriano Reis, Miriam Teresa (filha de Oscarito, também atriz), Oscarito, Grande Otelo, mulher não-identificada, Carlos Manga e Germana Delamare

Cena de *O golpe*, com Violeta
Ferraz, Oscarito, Miriam
Teresa e Margot Louro, 1955

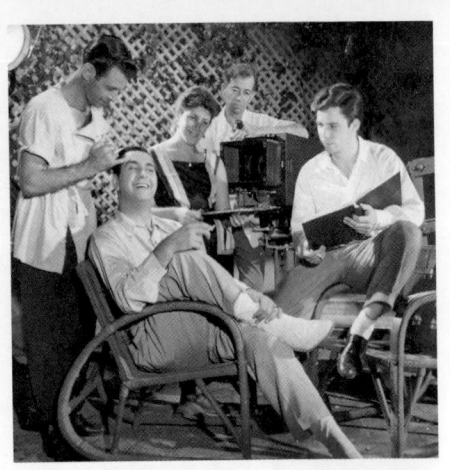

Ivon Curi e o assistente Roberto Faria

Edgar Brasil, fotógrafo
pioneiro da Atlântida

Escolta policial também para Fada Santoro e Cyll Farney

Carlos Manga entre Eliana e Fada Santoro

Luiz Severiano Ribeiro na inauguração do Serviço Postal do
Correio Aéreo Militar, 1933

Carlos Manga e Watson Macedo

Ilka Soares, Eliana e Anselmo Duarte desembarcam em Vitória para a inauguração do Cine São Luiz

Ribeiro Júnior, Lélia, Luiz Severiano Ribeiro e a filha Yolanda desembarcam em Fortaleza para a inauguração do Cine São Luiz

Cine Roxy: platéia e balcão

Casa das máquinas no Cine São Luiz, Fortaleza

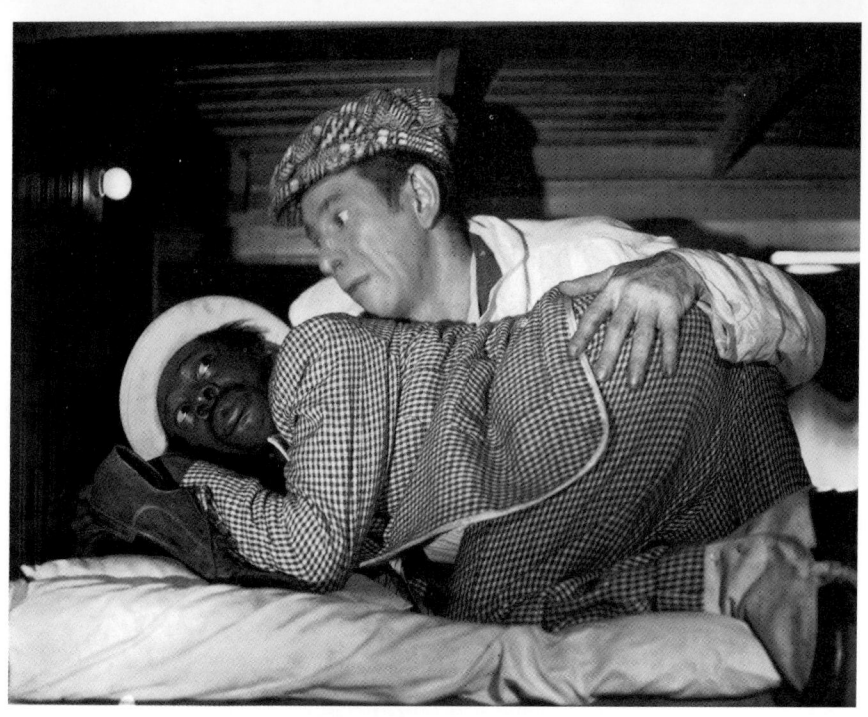

Oscarito e Grande Otelo, uma dupla do barulho

Getúlio Vargas cumprimenta Ribeiro Júnior, o empresário

Cine São Luiz, Recife

Painel de Lula Cardoso Ayres, Cine São Luiz, Recife

Cartaz de *O homem do Sputnik*

O presidente Kubitschek e Ribeiro Júnior na noite festiva de Brasília, 1960

Ribeiro Júnior em Brasília, com o governador Israel Pinheiro na inauguração do Cine Atlântida

Ribeiro Júnior impondo seu ritmo em pleno vôo

Ribeiro Júnior com o presidente João Goulart

O primeiro logotipo de Luiz Severiano Ribeiro

Três gerações, incluindo Ribeiro Neto, ainda criança, nos anos 1950

Ribeiro Júnior e Anselmo Duarte com a Palma de Ouro, em Cannes

Bodas de ouro do casal Severiano Ribeiro: uma conquista pessoal

Ribeiro Júnior com o presidente João Goulart

O primeiro logotipo de Luiz Severiano Ribeiro

Três gerações, incluindo Ribeiro Neto, ainda criança, nos anos 1950

Ribeiro Júnior e Anselmo Duarte com a Palma de Ouro, em Cannes

Bodas de ouro do casal Severiano Ribeiro: uma conquista pessoal

Luiz Severiano Ribeiro e o filho, Ribeiro Júnior

Kinoplex do Leblon, no Rio, a nova geração de cinemas

Distribuição Nacional S/A (DN), fundada em 23 de agosto de 1936 no Rio de Janeiro. Por volta de 1940, a DN teve a maior parte de suas ações adquiridas por Ribeiro Júnior, que pagou o equivalente a mil ações que constituíam a empresa, ou seja, exatos cem mil-réis cada uma. A empresa era uma sociedade anônima e tinha como objetivo a exploração industrial e comercial do cinema, em todos os seus ramos, especialmente a distribuição de fitas.

A idéia era comprar as distribuidoras brasileiras que não iam bem financeiramente, para formar uma cadeia que pudesse escoar o fluxo do mercado, utilizando-as como um catalisador de investimentos para os negócios da família. Nesse sentido, Ribeiro Júnior seguia exemplarmente os passos do pai.

Ele alcançou o topo da estratégia quando, em uma jogada de mestre, arrematou de forma espetacular o controle acionário da Distribuidora de Filmes Brasileiros (DFB), fundada em 1935 com o apoio de Carmem Santos, Adhemar Gonzaga e Humberto Mauro, todos nomes consagrados do cinema brasileiro. Em potencial, esta seria sua maior concorrente caso disputasse com ele a fatia do mercado nacional.

A DFB fora criada pelos mais expressivos representantes da produção brasileira, que se aliaram na tentativa de resolver os problemas de distribuição e exibição de seus filmes. Os estúdios da Brasil Vita Filmes, de Carmem, e da Cinédia, de Adhemar Gonzaga, foram os principais responsáveis pelo desenvolvimento do minucioso projeto adotado pela empresa até o início dos anos 40. Era uma rara exceção entre as demais distribuidoras do país, pois possuía uma lista de sucessos em seu catálogo e cultivava uma fase de maturação da experiência brasileira. Como golpe final da estratégia, Ribeiro Júnior fechava a DFB para criar a UCB, com sua total identidade.

Como um *tycoon*

Na visão de Luiz Ribeiro, o pai, o setor de distribuição era inexpressivo, já que há algumas décadas investira naquele modelo no Recife sem muitos resultados. Assim, tomado de coragem, Ribeiro Júnior assumiria o investimento sozinho, sem a parceria do *trust*. Reuniu suas economias e foi fechando negócios com algumas empresas que já não tinham mercado. No final, iria reunir várias pequenas empresas para formar apenas uma, a famosa UCB, cujo símbolo em forma de escudo e corrente entraria para a história. E o cinema nacional, que outrora estava mergulhado em dificuldades de distribuição, sofrendo um injusto ostracismo, agora enxergava uma luz no fim do túnel.

Inicialmente, a UCB, ainda em período de guerra, iria trabalhar apenas com fitas que apelavam para o popular, geralmente produzidas por José Carlos Burle e Moacyr Fenelon, que anos antes haviam idealizado e criado a produtora Atlântida Cinematográfica. Adhemar Gonzaga, cineasta e produtor de renome, mantinha a sua Cinédia como a melhor e mais bem equipada companhia cinematográfica do país. Com a chegada da UCB, Adhemar também iria aderir ao projeto deixando nas mãos de Ribeiro Júnior o lançamento do clássico *Loucos por música*, de 1945.

O perfil mercadológico da UCB buscava um modelo de produção simples, barata e que agradasse às grandes massas de espectadores. Talvez por isso os filmes de excelência técnica e artística ficassem sempre em segundo plano, dando margem às críticas dos intelectuais. Como negócio, nada melhor. A UCB ficava com uma grande fatia da rentabilidade das fitas, uma vez que sua distribuidora era uma das poucas saídas para que os filmes realmente pudessem ser vistos por um grande número de espectadores. A partilha da renda funcionava da seguinte maneira: 50 a 60% para o exibidor; outros 30% para a UCB, restando 20% para o importador ou produtor da película.

Houve muita gritaria, pois não havia opções de grandes circuitos no país que suportassem um modelo industrial de produção, como o da Cinédia, com grandes estúdios e a capacidade para fazer excelentes filmes de ficção.

A Atlântida, sem dúvida, era a companhia cinematográfica carioca que melhor se identificava com os moldes da UCB, mas ainda era limitada e com poucos recursos.

Ribeiro Júnior iria investir e tornar impecável o setor de relações públicas da UCB, com a ajuda de Henrique Baez, agora afastado da United;* eles faziam questão de promover grandes coquetéis e trazer figuras renomadas do cinema internacional para lançar seus filmes no cir-

---

* A saída de Baez da United Artist, onde ocupava o cargo de supervisor para a América Latina, foi notícia no jornal *Ultima Hora* carioca, no dia 6 de janeiro de 1961, na coluna Cine-Ronda, assinada por Luis Alípio de Barros: "Baez deixa a United". A notícia se completava com a informação de que Baez, depois de 35 anos no país, tinha conseguido sua naturalização e agora era cidadão brasileiro.

cuito Severiano Ribeiro. Um belo cartão de visita para nenhum *tycoon* americano botar defeito.

O escritor Fernando Silva Nobre, que chamava o velho Severiano Ribeiro de O Rei do Cinema, saudaria a capacidade de renovação do clã dos Ribeiro, agora com um novo timoneiro:

> Com a entrada de Ribeiro Júnior, imbuído de novas idéias, o grupo, aos poucos, aderiu à produção; a obrigatoriedade de exibição de complementos cinematográficos levou à criação de jornais próprios, como Esporte na Tela e Notícias da Semana, que, além de focalizarem os principais acontecimentos nas maiores cidades onde eram exibidos, apresentavam ainda reportagens naturais com as mais belas paisagens das diversas regiões do Brasil. Consideramos oportuno lembrar, a esta altura, o nome de outro cearense, Luís Sá, desenhista e caricaturista que, com seus traços, contribuiu decisivamente para o êxito dos cinejornais das empresas Ribeiro; sabemos que muitas pessoas iam ao cinema apenas para deliciar-se com os desenhos de Luís Sá, falecido em 1979, na cidade de Niterói, aos 72 anos de idade.

A proposta de Ribeiro Júnior para a Atlântida (sabe-se que o negócio foi feito com dinheiro emprestado da mãe, d. Alba) viabilizaria a realização do sonho brasileiro durante os tempos áureos do cinema comercial. Ele iria provar que, mesmo com todas as dificuldades próprias do país, ainda assim era possível realizar algo.

CAPÍTULO 12

Atlântida Cinematográfica

Todos os adjetivos já foram usados para descrever o sucesso da Atlântida durante as décadas de 1940, 1950 e 1960: espetacular, magnífica, genial, gloriosa. Os números de bilheterias ainda hoje não foram superados, sendo apontados pelos pesquisadores como resultado de um fenômeno popular. Os atores da Atlântida, numa época de *glamour* e transformações, eram celebridades que entraram para a história da nossa cultura: Oscarito, Grande Otelo, José Lewgoy, Anselmo Duarte, Zezé Macedo, Dercy Gonçalves, Cyll Farney e muitos outros que formaram a base artística e técnica dos atuais canais de televisão. O mesmo se pode dizer de diretores como Carlos Manga, Watson Macedo e José Carlos Burle, responsáveis por grandes sucessos da tela.

Na época, alvo de críticas ressentidas e irascíveis de setores da imprensa, a "Hollywood brasileira" na verdade era a alegria de milhões que lotavam as salas e faziam filas "de dobrar quarteirão". Não seria exagero dizer que o

Brasil encontrou a sua identidade e se modernizou, tendo a Atlântida como cenário.

O Rio de Janeiro, que já abrigava os melhores estúdios do Brasil, ganhava agora, em 1941, a Atlântida Cinematográfica, de José Carlos Burle, Paulo Burle, Moacyr Fenelon e Alinor Azevedo — sendo este último, na opinião do escritor Sérgio Augusto, "o cérebro mais bem-dotado do grupo". Eles tinham o apoio do *Jornal do Brasil*, onde Paulo Burle trabalhava e em cujas dependências, na avenida Rio Branco, a empresa iria funcionar no início.

O manifesto de fundação da Atlântida, lido solenemente por José Carlos Burle, desde então é considerado um documento importante na história do cinema brasileiro, pelo seu posicionamento político e pelo forte nacionalismo. Esses intelectuais vislumbravam um período repleto de glórias para o cinema industrial no Brasil:

> *Na hora presente, mais do que qualquer outra instituição, as nações reúnem e exaltam os seus elementos nacionalizantes mais expressivos. Não precisaríamos aqui, numa simples explanação de nossos propósitos, realçar todos os fatores que fazem do cinema um desses fortes elementos. Lembramos, porém, que a arte completa o nível de cultura superior e constitui com a ciência, a política e a religião, todo o patrimônio moral e intelectual de uma época, de um povo. O cinema, arte resultante de todas as artes e com maior poder dentre todas, para objetivar e divulgar, adquiriu métodos próprios de expressão, fez-se arte independente e, por esse grande poder de pe-*

netrar e persuadir as mais diversas multidões, tornou-se indústria de vulto universal, órgão essencial de educação coletiva.

A finalidade da Atlântida é a produção de filmes cinematográficos — documentários, noticiosos, artístico-culturais, de longa e pequena metragem, desenhos animados, dublagem de produções estrangeiras e atividades afins — implantando uma indústria e uma arte de cinema no Brasil.

A isso nos propomos levados pelo que vimos nos referindo e pelo grande ideal de levantarmos as paredes dessa grandiosa construção que será o cinema brasileiro, cujos alicerces já estão lançados — o nosso meio social.

A criação da Atlântida — Empresa Cinematográfica S/A, de caráter absolutamente brasileiro, é, sem dúvida, o melhor emprego de capital na atualidade e realização das mais necessárias, quando o Brasil, procurando bastar-se a si próprio, vive a fase definitiva de sua emancipação econômica.

No início, a produção seria apenas de cinejornais, mas logo a Atlântida procurava atender à demanda produzindo filmes com pretensões de crítica social, como Moleque Tião (José Carlos Burle) e É proibido sonhar (Fenelon), ambos considerados fracassos de público. A história iria se repetir com as novas produções: Gente honesta, Vidas solitárias e Fantasma por acaso. A Atlântida, nesses moldes, era o que havia de melhor no país, mas estava longe do ideal dos profissionais de cinema.

O cronograma, como um estatuto, projetava a meta de 36 longas-metragens e 150 curtas, anualmente. Uma meta que nunca seria cumprida, mesmo depois da entrada em cena do dinâmico Ribeiro Júnior, em outubro de 1947, que impôs um ritmo frenético às produções. Sua chegada determinaria a saída de Fenelon, que acusava um desvio nos propósitos ideológicos do projeto.

O contexto político seria determinante para fazer Ribeiro Júnior entrar nessa parceria como sócio majoritário: em 1946, o presidente Eurico Gaspar Dutra assinava o Decreto n° 20.943, que ampliava a reserva de mercado para os filmes brasileiros. Segundo o decreto, os cinemas seriam obrigados a exibir anualmente, no mínimo, quatro filmes nacionais. Assim, Ribeiro Júnior entrava na produção de filmes para cobrir estrategicamente a reserva obrigatória e auferir o maior lucro possível enquanto a lei existisse. Apesar disso, em entrevista ao *Jornal do Brasil*, ele se mostrava teoricamente contrário ao arbítrio de cotas obrigatórias:

> *As cotas de obrigatoriedade trazem consigo inevitáveis abusos e privilégios em detrimento do público, que deverá ser o supremo juiz da qualidade de cada filme. Por que não damos a esse público a faculdade de fazer a sua escolha?*

Investimento pessoal, a Atlântida — que seria definitivamente instalada na rua Haddock Lobo, na Tijuca — viria acompanhada de outra jogada de mestre do jovem empresário: a criação de um laboratório de revelação profissional, a Cinegráfica São Luiz, motivo de mais polêmica. Sua primeira decisão seria montar o laboratório na rua Bambina, em Botafogo, em instalações amplas o suficiente para abrigar um novo e possante maquinário. Estava formada a primeira cadeia do cinema nacional que detinha todas as fases de produção: das filmagens à exibição, passando pela revelação e distribuição, agora com a criação de um pequeno circuito de cinemas, sob a responsabilidade da Atlântida Cinemas, um braço independente dos negócios do pai.

A estratégia, entretanto, era a mesma: adquirir casas de espetáculo, gradativamente, na medida em que se expandia o mercado produtor e distribuidor. Um dos primeiros cinemas da rede foi o São Luiz, de Vitória (ES), que Ribeiro Júnior abriu em sociedade com um grande cinematografista da região, Edgar Rocha, que acreditava na idéia e na parceria. Contrariando até mesmo a opinião do pai, Ribeiro Júnior resolveu apostar no investimento e criou um dos grandes cinemas da capital capixaba, cuja inauguração contou com algumas estrelas da Atlântida, como Ilka Soares e Anselmo Duarte.

Depois vieram os cines Lux e Rosário, no circuito da Leopoldina, Rio de Janeiro, comprados da empresa Caruso, em 1965.

Chanchadas

Apesar do sentido pejorativo oficial da palavra (na definição do *Dicionário Aurélio*, chanchada é "qualquer espetáculo com pouco ou nenhum valor")*, as produções da Atlântida fizeram história. Os arquivos revelam que durante o período de 1947 a 1962 — quinze anos, portanto —, foram produzidos 51 filmes, uma média de 3,4 filmes por ano, número suficiente para o cumprimento da reserva de mercado estabelecida em 1946.

A primeira experiência na nova fase não seria exatamente um sucesso. Ribeiro Júnior acompanharia de perto a produção de *Tristezas não pagam dívidas*, uma comédia-popular que trazia Ítala Ferreira nas vestes da personagem Marieta Pilantrina e o jovem Oscarito como Carlinhos. A crítica não foi simpática ao filme, considerado "medíocre, ingênuo e muito similar à comédia-pastelão", mas o público, de um modo geral — e pela primeira vez —, iria agir de forma diferente, acompanhando com simpatia o enredo água-com-açúcar e o tom irônico das piadas.

Estava claro que a crítica pensava diferente do público. Em *O mundo se diverte*, uma tentativa de repetir o sucesso de *Neptuno musical*, com a estrela americana Esther Williams, a rainha das piscinas, a questão iria se repetir em resposta às palavras ácidas que ganhavam as páginas dos jornais:

> Este novo celulóide da Atlântida não foge ao padrão inferior do nosso cinema. O diretor Watson Macedo continua pobre de conhecimentos cinematográficos e até

---

* O termo pejorativo tem origem etimológica no italiano *cianciata*, que significa um discurso sem sentido, uma espécie de arremedo vulgar, argumento falso. No espanhol, chanchada significava, de forma mais positiva, uma espécie de "fala caricata e exercício de criatividade".

mesmo de seqüência de ação, apresentando inúmeros planos desencontrados e falta de continuidade. Não se vê no diretor carnavalesco nenhum esforço para corrigir os artistas de seus vícios de interpretação, e nem mesmo a Eliana, que estréia no filme, consegue imprimir qualquer toque editorial, mas repetindo as mesmas expressões, com recursos de amadorismo de principiante. Também a história não tem continuidade, e os números foram encaixados quase que forçados pelo próprio diretor que ajudou Max Nunes e Hélio de Soveral no desenvolvimento do enredo. (...) Mas o público entendeu, o público foi ao cinema. Viva a folia.

(Pedro Lima em *O Jornal, 1948*)

A partir daí, seria exaustivo destacar os títulos que arrastaram multidões durante décadas, desde *Este mundo é um pandeiro*, fenômeno de bilheteria dirigido por Watson Macedo, em 1947, até *O homem do Sputnik* (1959), megasucesso dirigido por Carlos Manga que marca a estréia no cinema da atriz Norma Bengell. No meio da história, uma imensidão de astros e estrelas ainda hoje considerados importantes referências para a cultura nacional: Ankito, Wilson Grey, Zé "*Mulheres, cheguei!*" Trindade, Violeta Ferraz, Carmen Miranda, Eliana Macedo (sobrinha de Watson Macedo) e uma legião de técnicos desconhecidos que fizeram a base da cinematografia brasileira.

Para se ter uma idéia do *glamour* que emanava desse universo, o galã Anselmo Duarte, um paulista de Salto, foi descoberto para a fama graças a uma combinação cintilante entre elegância e beleza:

> Eu freqüentava um café na esquina da Cinelândia, ao lado do Cinema Odeon, onde encontrava meus amigos. Um belo dia, sem mandar avisar, dois produtores de cinema vieram fazer perguntas sobre meus ternos; queriam saber se eu os mandava confeccionar em Londres ou Paris. Nada disso. Eu fazia terno no alfaiate que havia no quarto andar do Edifício Odeon. Logo em seguida, eles voltaram porque descobriram que o terno era apenas um detalhe; tinha que ter um sujeito elegante dentro dele. E assim eu me tornei ator.

Outro galã de prestígio, ator da clássica chanchada *Matar ou correr*, o paulista John Herbert, tem boas e fortes recordações da época:

> A gente fechava contrato no escritório do Ribeiro Júnior, no Rio, que era muito sério e interessado em promover os filmes da Atlântida. Na prática, éramos quatro galãs principais a sofrer ataques da crítica, que nos acusava de bonecos sem talento. Isso acontecia também com Anselmo Duarte, Hélio Souto e Cyll Farney. No final, acho que todos nós fizemos história; eu fiz muito teatro e mais de 60 filmes.

A atriz Odete Lara — que não se tornaria conhecida como atriz de chanchada, exatamente — estava no elenco de

Dona Xepa (1959) e Duas histórias (1960), este último dirigido por Carlos Manga com Oscarito e Cyll Farney encabeçando o elenco. O filme era para se chamar *O Cacareco vem aí*, mas a presença marcante de Odete — que já tinha feito cinema sério em São Paulo — levaria o diretor a trocar o nome, lembra a atriz:

> *O Manga dizia que não fazia sentido e inventou um enredo com duas histórias paralelas; eu estava em uma com o Cyll Farney, e o Oscarito em outra. Eu não fazia o gênero comédia, mas não tinha preconceito, pois estava em começo de carreira e tinha que ocupar espaço. Além do mais, sempre achei o Oscarito um grande comediante.*

Para a atriz Renata Fronzi, que trabalhou nas duas fases da Atlântida, ou seja, sob a direção de Fenelon em *Fantasma por acaso*, em 1946, e Manga em *Guerra ao samba*, em 1956, era notável o bom-astral no estúdio:

> *Era muito divertido. Eu trabalhava no Teatro Recreio, e depois da meia-noite seguia para os estúdios da Atlântida para gravar o filme que era feito em menos de um mês. De vez em quando recebíamos a visita de Ribeiro Júnior, que aparecia para dar uma olhada, sempre elegante, de terno. Para fazer cinema fui aprender a dançar gafieira, com o meu amigo Renato Restier. É claro que, no cômputo geral, minha experiência com as chanchadas foi positiva para a minha carreira de come-*

diante. *No total, fiz cinco filmes na Atlântida, alguns na Cinédia e mais de dez na Herbert Richers.*

O comediante Agildo Ribeiro, do elenco de *Esse milhão é meu*, de 1959, lembra das estratégias de Ribeiro Júnior para o lançamento de suas produções:

> Ribeiro Júnior — *que chamava Oscarito de "minha mina de ouro" — fazia as estréias no dia 31 de dezembro, na festa de* réveillon, *e no meio do ano, maio ou junho, quando os filmes repercutiam as músicas do carnaval. Aquilo era uma festa! A gente ganhava pouco, mas sabia que estava fazendo algo importante: trabalhando em cinema.*

A fórmula era sempre a mesma: Anselmo Duarte, o galã, estava disposto a conquistar o coração da mocinha Eliana Macedo, que era protegida pelo trapalhão Oscarito e seu fiel escudeiro, Grande Otelo.[*] O sogro do galã era Zé Trindade, e a sogra, Dercy Gonçalves. Uma variação possível tinha Fada Santoro como mocinha, Cyll Farney como galã e Violeta Ferraz como sogra e megera. José Lewgoy e Wilson Grey eram os facínoras. Sempre. Os diretores se revezavam: José Carlos Burle, Watson Macedo e, o mais

---

[*] Até mesmo na *Enciclopédia do Cinema Brasileiro*, por força dos verbetes editados em ordem alfabética de sobrenome, Oscarito aparece ao lado de Grande Otelo.

jovem de todos, Carlos Manga, que seria promovido a diretor em meio a um episódio no mínimo inusitado. Durante as filmagens de *Carnaval Atlântida*, aconteceria um sério desentendimento entre Oscarito e o diretor José Carlos Burle, que se estranharam no *set* de filmagem depois que muitas cenas já haviam sido gravadas. Quando tudo estava transformado em caos (pois Burle, além de diretor, era o roteirista), seria por meio da interferência e estratégia de Ribeiro Júnior que as coisas entrariam nos eixos; ele simplesmente promoveu o assistente ao posto de diretor já "no apagar da vela", expressão que significava "nos momentos finais". Manga, que havia sido levado à Atlântida por seu amigo Cyll Farney, acabaria se tornando um importante nome no cinema e, mais tarde, na televisão, ocupando durante anos cargos de direção na TV Globo.

Nas chanchadas, tudo acontecia ao som de Emilinha Borba, Trio Irakitan, Adelaide Chiozzo, Jorge Goulart, Sonia Mamede e Dick Farney, que cantava assim em *Carnaval Atlântida*, de 1952:

Alguém como tu
Assim como tu
Eu preciso encontrar
Alguém sempre meu
De olhar como o teu
Que me faça sonhar

(de José Maria de Abreu e Jair Amorim)

Em 1962, a Atlântida produziria seu último filme, *Os apavorados*, de Ismar Porto. Depois se associava às várias companhias nacionais e estrangeiras em regime de co-produções. Em 1974, com Carlos Manga de parceiro, realizava *Assim era a Atlântida*, colagem de trechos dos principais filmes da empresa, seguindo o modelo de *Assim era Hollywood*.

(No final dessa edição, o leitor encontrará uma lista completa dos filmes produzidos pela Atlântida de 1942 a 1974, incluindo ficha técnica e elenco.)

Herança crítica

É possível que o primeiro grande sucesso da Atlântida, aquele que facilitaria a produção de outros, seja *Carnaval no fogo* (1949), cujo destino estava anunciado antes mesmo da primeira sessão de cinema. O argumento, montado com a participação do ator Anselmo Duarte, reunia ingredientes considerados comercialmente perfeitos para atingir o gosto popular: números musicais (grande sucesso na época, aqui embalados por Adelaide Chiozzo e Eliana), cenas românticas, aventuras, trapalhadas e ação. O filme, dirigido por Watson Macedo, foi muito bem recebido pelo público e seria adotado como uma espécie de modelo do que deveria ser produzido nos anos seguintes.

Por sua participação na criação e produção, Anselmo Duarte seria convidado pessoalmente por Ribeiro Júnior para dirigir o seu primeiro filme, *Amei um bicheiro*, baseado em argumento de Jorge Dória. O convite seria recusado no momento da assinatura de contrato, quando Duarte recebeu proposta irrecusável dos estúdios Vera Cruz, de São Paulo, para trabalhar como ator (ele trocou um salário de 13 mil cruzeiros por um de 50) — e o filme da Atlântida seria finalmente realizado por Jorge Heli e Paulo Vanderlei.

No folclore dos bastidores de *Carnaval no fogo* não faltaria uma história real de aventura e suspense, quando o rolo de filme contendo o *trailer* editado por Watson Macedo desapareceu durante a noite da sala de montagem. No dia seguinte, constatado o furto, a equipe seria obrigada a refazer toda a edição. Quase um ano depois, quando estavam sendo feitas obras de reparos na parte elétrica da produtora — uma troca de fiação —, a lata com o *short* montado por Macedo seria encontrada sobre o forro da sala. O mistério estava esclarecido e, se bem analisado, mais se parecia com o enredo de uma chanchada.

Alguns estudos acadêmicos dividem as chanchadas em cinco fases distintas:
1) as comédias mudas;
2) os filmes musicais;
3) os filmes carnavalescos;
4) a chanchada;
5) as chanchadas B.

A Atlântida continuaria fazendo sucesso sem rivalidade até 1950, quando surgia em São Paulo a produtora de Oswaldo Massaini, uma das grandes nacionais — incluindo em seu portfólio os premiadíssimos *O pagador de promessas*, *Absolutamente certo* e a clássica comédia *O barbeiro que se vira*. Em 1956, era criada a Cia. Cinematográfica Herbert Richers, que também produziria comédias. As chanchadas se multiplicaram e a crítica raivosa condenava o gênero ao fogo do inferno, apontando para as "bisonhas falhas técnicas" das produções.

Em *O Jornal*, de 6 de fevereiro de 1948, Pedro Lima voltava para lamentar:

> *Que pode adiantar para a nossa indústria a Atlântida prosseguir com este gênero de filmagens deprimentes, e que acabarão cansando ou desmoralizando o nosso cinema e até tornando seus produtos incapazes de enfrentar futuramente uma concorrência séria e mais limpa?*

O irrequieto Glauber Rocha, em suas reflexões mais paranóicas, costumava apontar a chanchada como "inimiga natural e inicial do Cinema Novo". Em outras palavras, chanchada era a consagração da mediocridade que iluminava os olhos da platéia e as bilheterias dos cinemas. Glauber, no início, referia-se à chanchada como "coisa vulgar e alienante", "pornografia a baixo preço", para, no final, depois de uma revisão crítica assumida, vislumbrar méritos na "recuperação de formas nacionalistas populares". E foi mais adiante (como sempre), ao enaltecer as virtudes pessoais de Ribeiro Júnior, assim definido por ele:

Atlântida Cinematográfica   135

Personagem secreto, quanta ingenuidade não saber que Severiano Ribeiro Júnior is a great artist, o único produtor roliudiano do Brasil, o Rei da Cinelândia.

O crítico Ely Azeredo, que escrevia para o *Jornal do Brasil* e a *Tribuna da Imprensa*, em épocas diferentes, tem uma abordagem lúcida sobre o Cinema Novo e as chanchadas:

O emergente Cinema Novo se pretendeu responsável pela derrota da chanchada. Na verdade, o grande público emigrou para a frente dos televisores atraído pela nova e gratuita fonte de entretenimento. Quando buscou maior comunicação popular, com o clássico Macunaíma, Joaquim Pedro de Andrade adotou, além do emblemático Otelo e influências do gestual desse ator, uma série de travestimentos da chanchada. O gênero se extingue como linha de produção, mas não desaparece do imaginário brasileiro.

No verbete dedicado à Atlântida, a *Enciclopédia do Cinema Brasileiro*, editada em 2004, faz um resumo da crítica:

O investimento em produções baratas, filmadas rapidamente, com equipes e elenco que recebiam baixos salários, aliado à enorme aceitação popular desses filmes, fez das chanchadas um empreendimento seguro e ideal.

O crítico José Carlos Monteiro, um estudioso do assunto, registra a reação dinâmica do mercado com a criação, em São Paulo, dos estúdios Vera Cruz:

> Indignados com a vulgaridade da chanchada carioca, os paulistas encheram-se de brios. Congregando profissionais de todas as partes (Inglaterra, Itália, Argentina), capitais domésticos (Banco do Estado de São Paulo) e o melhor da inteligência teatral (Adolfo Celi, Luciano Salce, Fabio Carpi) e cinematográfica (Alberto Cavalcanti, Lima Barreto) disponível por aquelas bandas, inflaram-se de orgulho e partiram para o "cinema sério", de nível internacional. Para isso, ergueram um monumento ao seu sonho (a Vera Cruz), que, como toda obra improvisada, desabaria como um castelo de cartas.

O crítico Paulo Emilio contribui com um parecer abalizado e importante:

> Foi a associação da Atlântida com a poderosa cadeia de exibição de Severiano Ribeiro que permitiu esta nova fase de harmonia para o cinema comercial no Brasil, que determinou a solidificação da chanchada e sua proliferação por mais de quinze anos. O fenômeno repugnou críticos e estudiosos.

Ely Azeredo lembra que, trabalhando para o jornal Tribuna da Imprensa, mantinha uma postura radical e não gostava dos filmes da Atlântida a priori, ou seja, antes mesmo de ver:

> Normalmente eram filmes de baixa qualidade, malfeitos, que pagavam salários ridículos para seus gran-

des atores. O único mérito seria manter o interesse do público pelo cinema brasileiro, ocupando um espaço que caberia às produções estrangeiras, ou seja, aos filmes americanos. Esta minha posição crítica motivou um telefonema de Severiano Ribeiro Júnior ao dono do jornal, Carlos Lacerda, reclamando do que considerava uma campanha contra as chanchadas e ameaçando tirar a publicidade dos cinemas. Lacerda ouviu minhas ponderações, falou pouco e tudo ficou por isso mesmo. Até porque Severiano Ribeiro Júnior era acionista do jornal.

Em depoimento recente, o diretor Carlos Manga endossa a importância da Atlântida como fator de afirmação para o cinema nacional:

> *Apesar das dificuldades que encontrávamos na linha de produção, para mim foi uma experiência deslumbrante. Eu cheguei muito novo, mas acompanhei os trabalhos como uma criança fascinada pela efervescência do estúdio e do* star system, *que de fato existia. As grandes estrelas, como Eliana, Anselmo Duarte e Cyll Farney não podiam andar nas ruas com tranqüilidade, pois eram muito assediadas.*

Na introdução do livro Este mundo é um pandeiro, o escritor Sérgio Augusto, apesar de perfilar severas críticas, haveria de reconhecer um mérito inquestionável nas produções da Atlântida:

> De qualquer modo, as chanchadas transpiravam brasilidade por quase todos os fotogramas — e não apenas ao colocar em relevo aspectos e problemas do cotidiano de sua claque, como a carestia, a falta de água, as deficiências de transporte urbano, a demagogia eleitoreira, a corrupção política, a indolência burocrática. Até quando pretendiam ser meros pastichos de tolices estrangeiras, algo lhes traía a inconfundível nacionalidade. (...) Esta saudável cumplicidade do cinema brasileiro com seu público doméstico se estabeleceu e consolidou à revelia da mídia impressa, onde as chanchadas eram tratadas aos pontapés.

O público, que apenas queria rir de suas próprias mazelas, lotava as gigantescas salas de exibição de onde saíam imitando seus ídolos, promovidos a celebridades pelo chamado *star system*, baseado no modelo hollywoodiano de divulgação e *marketing*. A revista *Cinelândia*, criada em 1952 e sucesso de venda em todo o Brasil, ajudava a fomentar o mito do astro inacessível. Era a nova moda, que vinha substituir os sucessos musicais transmitidos pelas rádios Nacional e Mayrink Veiga e repercutidos semanalmente pela *Revista do Rádio*. O cinema e as chanchadas viriam se aproveitar dessa ambientação teatral para criar seus primeiros musicais nas telas, praticamente "filmando" um estúdio radiofônico.

Durante muito tempo, sobretudo as décadas de 1940 e 1950, a exibição dos filmes de carnaval da Atlântida seria considerada um fenômeno imbatível pela concorrência. As empresas estrangeiras evitavam fazer seus lançamentos nesses períodos.

Assim, antes mesmo do final dos anos 60, o conceito da crítica sobre as produções da Atlântida havia mudado substancialmente; agora se dizia que chanchada, por definição, "é o espetáculo ou filme em que predomina um humor ingênuo, burlesco, de caráter popular".

Cinejornal

Tão importantes quanto as produções de longas-metragens, seja no estilo chanchada ou não, eram as edições semanais do cinejornal *Atualidades Atlântida*, que abriam as sessões de cinema ao som dos clarins e da voz inconfundível de Heron Domingues, locutor também conhecido como Repórter Esso. Na verdade, nos dois primeiros anos de existência, a Atlântida produziria somente cinejornais, de onde sairia o primeiro longa-metragem do grupo, um documentário sobre o IV Congresso Eucarístico Nacional, em São Paulo, 1942. Como complemento de programação, a Atlântida oferecia o média-metragem *Astros em desfile*, musical filmado com artistas do *star system*, antecipando o caminho que a Atlântida seguiria mais tarde.

O lançamento dos dois filmes suscitaria o seguinte comentário do jornal *O Globo*, em edição de 3 de fevereiro de 1943:

> *Parece que afinal vamos ter mais um filme nacional de longa-metragem, que inaugurará a produção deste ano, se fizermos exceção do documentário da Atlântida sobre o Congresso Eucarístico.* Trata-se de Astros em

Revista (sic), e, pelo que dele se tem dito, deve ser uma revista musical sem maior importância, constituindo um desfile mal-arranjado de artistas de rádio. Pode ser que nos enganemos, mas, neste caso, não hesitaremos em proclamá-lo daqui mesmo. Infelizmente a experiência anterior não nos autoriza a ter muitas esperanças.

Lançado no dia seguinte, no Cine Capitólio, o filme *Astros em desfile* (este o nome verdadeiro), com Luiz Gonzaga, Emilinha Borba, Grande Otelo e o conjunto Quatro Ases e Um Coringa, ficaria pouco tempo em cartaz, como previra o comentário de *O Globo*.

Ainda sem poder contar com a televisão, a expectativa de um público ávido por informações poderia garantir o sucesso dessas produções, embaladas pela lei da obrigatoriedade de exibição do complemento nacional.

No Brasil, já havia uma enorme quantidade de pequenos produtores de cinejornais difundidos entre São Paulo, Rio de Janeiro e Minas Gerais. Todos apresentavam abordagens locais, enquanto a UCB priorizava a distribuição de filmes jornalísticos que tratassem de temas mais abrangentes, algo que pudesse ser gerado no Distrito Federal, por exemplo, e exibido em todo o Brasil.

A Atlântida foi precursora de uma linguagem própria e específica de cinejornais, desenvolvida na época pelo jornalista Alinor Azevedo, um dos criadores da empresa.

Quando a empresa passou para o comando de Ribeiro Júnior, uma nova equipe seria formada em vários departamentos. O piauiense Faustino Barros, que à distância assistia aos filmes da Atlântida, jamais imaginou que um dia faria parte da equipe dos cinejornais, depois de trabalhar em outras empresas do grupo. Ele começou pelo almoxarifado, passou pelo setor jurídico — onde se ocupava das relações com a Censura Federal e o Instituto Nacional de Cinema (INC) — que fornecia os talonários de ingressos — e finalmente, já nos anos 70, tornou-se uma espécie de pauteiro dos cinejornais:

> *Eu fazia a ronda com o carro pessoal do senhor Severiano, um Dodge Dart, que já vinha com o motorista. O patrão era uma pessoa querida pelos funcionários, que o consideravam um homem generoso. O filho Júnior tinha uma característica marcante: era discreto.*

Sobre a fidelidade de Faustino e a obediência à discrição assumida pelo chefe, conta-se uma história exemplar: incumbido por Ribeiro Júnior para uma tarefa que, embora sem muita gravidade, deveria ser mantida em sigilo absoluto, Faustino radicalizou. Ouvindo a recomendação do chefe, "discrição, Faustino, é o que eu espero de você. Esta tarefa não pode vazar", ele está há 15 anos sem revelar a ninguém — nem mesmo aos filhos — o teor da missão sigilosa. E ameaça:

> *Não vou contar a ninguém. Foi o último pedido dele para mim, tenho que respeitar.*

O cinegrafista Vanderci Chagas de Aguiar lembra que em dias de gravação não havia economia ao se registrar a cena social, política ou esportiva:

> *Eram cinco ou seis filmes por semana. Quando a gente saía para a rua, para uma reportagem determinada, sempre tinha liberdade para tentar gravar qualquer flagrante, uma boa imagem que pudesse ser utilizada como uma crônica rápida.*

Ribeiro Júnior costumava estar presente nas reuniões sociais e comandava o cinegrafista com sinais de dedos e olhares discretos, indicando os figurões que deveriam ser gravados ou sugerindo a tomada de determinada cena:

> *No final, como um bom sujeito que era, fazia piada dizendo que a gente podia se empapuçar no jantar ou no coquetel, mas apenas depois que ele tivesse partido.*

Vanderci, que hoje trabalha na preservação desse arquivo de imagens, revela que sobraram 20 mil rolos de filmes, sobreviventes de um incêndio em 1952 e de uma inundação, em 1970, que destruiu, por exemplo, o drama Luz dos meus olhos, de 1947, com Cacilda Becker e Grande Otelo.

Atualidades Atlântida foi exibida na tela grande de 1941 até meados de 1980, quando encerrou suas atividades.

Entre os registros jornalísticos mais importantes, guardados em arquivo, está o concurso de Miss Brasil vencido por Marta Rocha, em 1954, o desfile das escolas de samba em 1963 — com destaque para a passagem do Salgueiro — e a inauguração do Aterro do Flamengo, em 1966, concentrando vários eventos à beira-mar. No geral, são registros históricos que formam uma grande e rica "bolsa de memória" da cidade ainda considerada maravilhosa. Por meio deles, podemos saber hoje dos costumes da população e da evolução urbana de vários pontos da cidade.

Para ocupar postos-chave na diretoria da Atlântida, Ribeiro Júnior iria exercitar uma prática consagrada por seu pai ao escolher pessoas de absoluta confiança, pinçadas entre seus cunhados. Neste momento, começava a aproximação direta do empresário com o setor produtor, primeiramente investindo algum capital sem grandes resultados. Mas ele acabaria se apaixonando pelo universo de possibilidades que envolvia a pequena companhia cinematográfica brasileira. Após alguns anos de flerte, a Atlântida cairia em suas graças. E, mais tarde, nas graças do público brasileiro.

Em agosto de 1954, dias antes do suicídio de Getúlio Vargas, reconhecendo o *status* do grande *tycoon* e a importância do seu trabalho, a revista *Manchete* publicava ampla entrevista com Ribeiro Júnior, que respondia a 36 perguntas de um interessado Salvyano Cavalcanti de Paiva, que o apresentava como *"Deus e demônio, um dos homens mais discutidos, temidos, idolatrados, odiados e combatidos no Brasil"*. O espaço de quatro páginas e a capa com Oscarito e Eliana, representando o sucesso da Atlântida, refletiam o interesse pelas idéias e a personalidade de um empresário polêmico. O título da reportagem era sugestivo:

A Voz do Dono
PARA ALÉM DAS NUVENS A QUALQUER PREÇO

Na abertura, a revista definia Ribeiro Júnior como "*um indivíduo que trocou o coração por outro cérebro e não recua diante de qualquer obstáculo para obter as suas vantagens. Capitalista convicto, aproveita-se da fraqueza dos adversários para derrotá-los sem piedade*".

Diante da crítica aos seus investimentos e ao perfil cartorial, Ribeiro Júnior iria cunhar um dos mais contundentes pensamentos em defesa da soberania dos seus negócios, sempre questionados pela imprensa:

Freqüentemente cometemos a injustiça de criticar a prosperidade dos outros. É que nem sempre nos lembramos que essa prosperidade é a resultante de uma luta sem tréguas, de uma perseverança sem limites, de uma dedicação sem esmorecimento. A crítica à vitória alheia é o reconhecimento do nosso fracasso.

Uma no cravo, outra na ferradura. O ator Hugo Carvana, que não gozava de popularidade nacional em 1971 (ele tinha sido recusado em teste de ator na própria Atlântida), arriscaria procurar Ribeiro Júnior para propor a parceria na produção de um filme que deveria se chamar *Vai trabalhar, vagabundo!*. Ele levava em mãos, numa pasta bem cuidada, o projeto que seria recebido pelo sr. Polatti, o secretário do *tycoon*, que pediria cinco ou seis dias para dar uma resposta. No prazo estipulado, o sr. Polatti iria ligar para dizer que Severiano Ribeiro Júnior lamentava, mas não podia fazer negócio, apesar de gostar muito do roteiro do filme. O motivo era claro: um levantamento sucinto revelara que o nome Hugo Carvana de Hollanda estava "sujo na praça", segundo os padrões da Serasa, como bem esclarece e assume o interessado:

> *Eu vinha tentando sobreviver de cinema e, claro, como todos os brasileiros jovens sem direito a herança ou trabalho regular, estava sem dinheiro, mas com um projeto na mão. O negócio com o Ribeiro Júnior não saiu.*

Tempos depois, quando o filme ficou pronto com a ajuda de outros patrocinadores, a produtora de Carvana voltaria a procurar Ribeiro Júnior, ainda por meio do sr. Polatti, para negociar as condições de exibição na rede de cinemas. O sucesso do filme *Vai trabalhar, vagabundo!* é bastante conhecido; tornou-se um dos campeões de bilheteria — e Carvana lembra o final da história:

> *O sr. Polatti ligou um dia para dizer que Luiz Severiano Ribeiro Júnior estava me dando os parabéns pelo sucesso do filme e aproveitava para manifestar o desejo de consolidar uma parceria na minha próxima produ-*

ção. *Eu agradeci e dei uma esnobada nele, dizendo que já tinham sido encerradas as cotas de* Se Segura, Malandro!, *o filme da vez, cujas gravações deveriam começar imediatamente.*

Novacap

Durante a inauguração de Brasília, em 1961, o presidente Juscelino Kubitschek chegou a oferecer a Ribeiro Júnior um terreno que deveria ser usado para a construção de um cinema previsto no plano piloto. Ribeiro agradeceu, mas ressaltou que nada queria como presente e propunha comprar o terreno onde, mais tarde, iria instalar o Cine Brasília. Era o começo de sua rede nacional de exibição com a marca da Atlântida.

A festa de inauguração do Cine Brasília seria um acontecimento social cintilante no Planalto Central, prestigiada pelo presidente Kubitschek, ministros de Estado e estrelas da Atlântida. A efeméride seria tema de uma edição de *Atualidades Atlântida*, que mostrava o casal Severiano Ribeiro Júnior circulando com desenvoltura entre ilustres convidados. Aliás, tanto JK quanto Brasília seriam personagens freqüentes em chanchadas, como em *Marido de mulher boa*, que mostrava Zé Trindade emitindo um comentário para uma costureira, digamos, desajeitada:

"A senhora até que parece a BB."

Diante da dúvida, a mulher pergunta: "Quem? A Brigitte Bardot?" Ele responde, gaiato:

"Não, a Belém-Brasília, bonita e mal-acabada."

Atlântida Cinematográfica

Durante a fase áurea do cinema nacional, os lançamentos dos filmes da Atlântida aconteciam em grande estilo, acompanhados sempre por comitivas que reuniam os artistas mais populares do Brasil em viagens pelas capitais. As noites de gala levavam às portas dos cinemas verdadeiras legiões de fãs, que aguardavam ansiosas e freneticamente a chegada de seus ídolos.

Começo do fim

O episódio do Cine Politheama e do filme *Os cafajestes*, de Ruy Guerra, em 1962, seria considerado um prenúncio da truculência que assolaria o país, dois anos depois, por iniciativa dos militares. O Politheama, construído em 1933, no largo do Machado, era um dos mais tradicionais cinemas do Rio, com 1.200 lugares e fama de elegante. Tinha uma notável fachada em mármore rosa e entraria para a história pelo programa oferecido — dois filmes e um seriado — e por exibir a primeira cena de nu frontal do cinema brasileiro, honraria que coube à atriz Norma Bengell, em cena gravada nas areias de Cabo Frio. Da equipe de produção, ironicamente, fazia parte o atual chanceler Celso Amorim.

Acontece que, diante da revolta e da fúria, digamos, de alguns setores da sociedade (senhoras católicas e a TFP), a censura federal resolveria agir e proibir a exibição do filme, que não passaria da estréia. O episódio traria dissabor a Severiano Ribeiro, pela presença ostensiva da polícia na bilheteria e a radiopatrulha 8-33 (também conhecida como Joaninha) estacionada ao longo do dia na calçada do cinema.

A situação política caminhava no sentido da desestabilização do governo João Goulart e do conseqüente golpe de Estado. Na avaliação da atriz Norma Bengell, anos depois, "aquilo foi a origem das passeatas pela família com Deus e pela liberdade promovidas pela TFP e outras entidades conservadoras em apoio ao golpe".

Não existe registro ou evidência de que Luiz Severiano Ribeiro, pai ou filho, tenha assumido uma posição de apoio aos militares ou desempenhado papel de porta-voz das juntas que se revezaram no comando do governo. Nada parecido com o comportamento e a disponibilidade dos produtores de cinejornais Primo Carbonari, Jean Manzon ou do jornalista Amaral Neto na televisão, simpáticos à nova ordem e declaradamente anticomunistas. Pelo contrário, o cinejornal da Atlântida seria atingido pela censura pelo menos uma vez, quando tentava colocar nas telas um documentário sobre a seca no Nordeste, apontando para o descaso com que as autoridades tratavam o assunto. Era uma denúncia da grave situação social nas regiões afetadas, mas que o departamento do governo considerou "subversiva".

A Severiano Ribeiro a história reservaria o papel de neutralidade política, observância e respeito à ordem constitucional. Ele era, antes de tudo, um empresário preocupado com seus negócios, mas que reconhecia a importância do Estado democrático. Um parente próximo que conviveu com ele resume essa equação:

Nenhum Severiano Ribeiro, pai ou filho, iria patrocinar grupos de esquerda que assaltavam bancos ou fa-

ziam passeatas contra o governo. Mas também não iria apoiar um regime autoritário pelo simples papel da subserviência. Não era do feitio de nenhum deles.

Parceria internacional

Na época, Ribeiro Júnior lutava para colocar os filmes da Atlântida no circuito internacional. A política da UCB, orientada por Henrique Baez, colaborava bastante e a Atlântida iria contar com a participação do diretor italiano Riccardo Freda e da atriz Gianna Maria Canale, contracenando com o impagável Oscarito em *O caçula do barulho*.

Com a Produção Atlântico, de Portugal, Ribeiro Júnior realizaria *Vendaval maravilhoso*, adaptação do romance *As pupilas do senhor reitor*, de Inês de Castro, feita por Jorge Amado e Joracy Camargo. A trama era dirigida pelo português Leitão de Barros e tinha no elenco a jovem Amália Rodrigues interpretando Eugênia Câmara, o grande amor de Castro Alves.

No primeiro semestre de 1972, as estatísticas indicavam que, de cada cem filmes exibidos, 84,28% eram estrangeiros e 15,72%, nacionais.

O acervo

Entre 1941 e 1962, a Atlântida iria produzir ou participar da produção de 168 longas, sendo 67 produções próprias (ver lista das produções no final da edição) e as outras em regime de co-produção. Hoje, no acervo da companhia, alocados no Arquivo Nacional, existem 20 mil rolos de película armazenados em sete mil latas e outras 2.200 fotografias, além de cartazes e roteiros originais de vários filmes. No total, apenas 23 filmes estão em perfeitas condições técnicas.

Em fevereiro de 2007, um decreto assinado pelo presidente Luiz Inácio Lula da Silva tornava o acervo um patrimônio de interesse público e social, "por conter documentos de inquestionável valor para a cinematografia brasileira e, em especial, pela produção de cinejornais, que oferecem inúmeras referências à política, à sociologia, ao urbanismo, às transformações da sociedade e ao imaginário popular da segunda metade do século XX. O arquivo privado da Atlântida Cinematográfica Ltda. compreende o período de 1950 a 1987".

Com a decisão presidencial, os arquivos estão protegidos e não poderão ser dispersos ou perder a unidade documental, nem serem transferidos para o exterior.

A publicidade

Com uma capacidade exemplar de administrador, Ribeiro Júnior, depois de criar a Cinegráfica São Luiz Ltda., que lhe permitia determinar a quantidade de cópias de cada fita, partia para a criação de mais duas empresas: uma de publicidade, que trabalhava nas campanhas de lançamentos, e a outra, uma gráfica com a mesma razão social (Publicidade e Gráfica São Luiz), para o processamento e a impressão desses panfletos que seriam distribuídos nas salas e nos filmes da Atlântida. Mais uma vez, ele fechava o circuito e suas produções dependiam apenas dele. A estratégia funcionava perfeitamente, pois eliminava qualquer tipo de concorrência, assegurando-lhe o lucro necessário para a empresa se expandir. Ao montar uma gráfica, ele abastecia de material publicitário a maior cadeia exibidora do País, superando as concorrentes, que não contavam com esses recursos. Ribeiro Júnior tinha a virtuosa capacidade de se integrar às mais diversas oportunidades de crescimento, adaptando seus negócios para usufruir os benefícios legais amparados — moralmente, inclusive — pela demanda do mercado.

Trocando em miúdos e na observação de alguns auxiliares, Júnior tinha as mesmas ambições do pai, apenas voltadas para o outro lado do mercado, o da produção, tornando-se, portanto, complementar a ele. Durante os anos 1940 e 1950, ao dominar a distribuição de filmes nacionais, o empresário impunha como condição a todas as produtoras que distribuíam seus filmes, por meio da UCB, que automaticamente se tornassem clientes nas sessões de publicidade, gráfica e laboratório. Assim como acontecia com a Atlântida, os estúdios e as produtoras que faziam negócios com a UCB não se importavam com as imposições do empresário, que, em contrapartida, oferecia ao mercado um serviço de excelência.

Foram diversas campanhas produzidas pela Publicidade São Luiz que marcaram época no Brasil. A empresa imprimia desde os cartazes para filmes nacionais até a campanha de divulgação da fita com antecedência privilegiada. A partir dos anos 1960, e até os dias de hoje, uma equipe de artistas gráficos, comandada por Luiz Antonio Pinto, sobrinho de Ribeiro Júnior, elabora as propagandas do grupo e atende clientes externos por meio da Promocine, a empresa criada para administrar o negócio. Agora, fazendo uso de uma moderna aparelhagem com imagem e som digital. Das atuais 1.997 salas de cinema no Brasil, apenas 10% delas veiculam propaganda antes dos filmes.

O *tycoon* Luiz Severiano Ribeiro Júnior criava a propaganda direcionada especificamente ao público de cinema popular, a grande massa. Até hoje se podem apreciar as fantásticas peças publicitárias produzidas especialmente para os clássicos da Atlântida, que seriam chamadas de "cartaz de cinema", motivando várias exposições e mostras na categoria Artes Gráficas. Uma referência na *Enciclopédia do Cinema Brasileiro* ajuda a esclarecer essa atividade:

> Cartaz. *Refletindo a crescente importância do cartaz, os produtores procuram criar vínculos com os profissionais, assegurando a formação de certa identidade visual. É o caso de Aldo Calvo, na Vera Cruz, Jayme Cortez em relação aos filmes de Amâncio Mazzaropi, Jaymeson Gomes Ferreira com a Cinedistri, e Creusa de Oliveira nos últimos filmes da Atlântida. Esta última, além de ser a primeira mulher no métier, representa o início da associação desse trabalho com as agências de publicidade, a quem se solicitaria com freqüência cada vez maior o desenvolvimento da estratégia de divulgação e comercialização dos filmes.*

Capítulo 13

A concordata

A SITUAÇÃO ECONÔMICA DO Grupo Severiano Ribeiro, ao longo dos anos 1960, refletia a estrutura de um império em plena estabilidade. Possuía não só a maior rede exibidora do País e da América Latina, dominando 70% do mercado, como também uma infinidade de imóveis distribuídos em várias capitais. Todas as compras imobiliárias, cujas transações eram feitas pessoalmente por Severiano Ribeiro, pai, foram sempre realizadas com certa cautela, mediante a retirada de capital da grande empresa. Como já foi dito, Ribeiro tinha talento para essas conversações. Quando descobria uma oportunidade que julgava segura, não hesitava em fechar negócio — mesmo quando não tinha necessidade explícita de fazê-lo. Era um jogo de xadrez.

Dentro dos trâmites, ele parecia muitas vezes vislumbrar oscilações econômicas do mercado, quando oferecia ao proprietário do imóvel uma soma bem superior ao seu valor real. Era uma estratégia recorrente, pois, como num passe de mágica, aquele que momentos antes rejeitava o negócio passava imediatamente para o lado do "simpático" comprador. A única exigência de Ribeiro era que as grandes somas fossem pagas "a perder de vista". Como se tratava sempre de muito dinheiro, a proposta continuava irrecusável para o vendedor.

Freqüentemente Ribeiro conseguia fazer negócio sem computar os juros nas parcelas. A arma secreta do velho Lampião estava exatamente na sua experiência comercial. Ele se comportava como os aplicadores do mercado financeiro moderno, que fazem girar o capital de modo que o tempo seja um aliado. Estava concebido o investimento de longo prazo em seus negócios. Poucos empresários, seus contemporâneos, sabiam trabalhar com a inflação tanto quanto ele.

Foi nessa época que surgiu o famigerado mercado financeiro. Emitiam-se notas promissórias que eram espalhadas pelas distribuidoras de valores, que passavam o título da promissória para terceiros. Severiano Ribeiro, quando entrou nesse processo, começou a pagar juros muito altos, em função da inflação que criava a correção monetária.

A situação se agravaria com uma série de investimentos grandes, principalmente com a compra dos cinemas Veneza, Tijuca e Roxy, cujos imóveis foram também comprados. Outro investimento significativo tinha acontecido com a criação do ousado Circuito Sul de cinemas, do Norte e do Nordeste. Foi um telefonema pessoal do banqueiro Julio Bozzano a Ribeiro Júnior, acusando um derrame de notas promissórias em nome do seu pai, que iria acender a luz vermelha do setor contábil.

Deflagrada a crise, Ribeiro revelava ao filho, Júnior, que iria "levantar" o dinheiro no mercado paralelo, enquanto tentaria vender algumas propriedades, inclusive um terreno ao lado da galeria Menescal, em Copacabana. Seria uma forma de liquidar as promissórias.

O mercado paralelo funcionava com títulos de vencimentos em 180, no máximo 210 dias. Ribeiro parece ter gostado do negócio, pois, em vez de se desfazer dos terrenos, ele simplesmente reemitia as promissórias com os juros que já estavam embutidos.

Na opinião de Francisco Pinto, neto e decano da empresa, em depoimento ao autor, este era um momento delicado, em que o grande vilão eram os juros:

> *Em minha opinião, não havia necessidade de concordata, pois com aquele patrimônio imobiliário qualquer banco aceitaria garantias. Mas o Ribeiro Júnior, que entrou na história como bombeiro, preferiu tomar precaução absoluta para que tudo se resolvesse da forma mais tranqüila.*

Na opinião da historiadora Alice Gonzaga, o mercado de cinema realmente entraria em crise, com queda acentuada de público e receita, a partir de 1961:

> *As platéias passaram a reclamar do envelhecimento e do mau estado das salas e dos programas oferecidos,*

considerados em muitos casos apelativos. Interrompeu-se o hábito compulsório de ir ao cinema. Uma parcela dos espectadores, inclusive, colocava em xeque a sala de exibição em si e sua significação social como forma de lazer. Com a valorização do filme em detrimento da sala e a supressão de certos gastos, começaram a desaparecer rituais como a abertura das cortinas, o toque do gongo, o apagar das luzes...

Acerto de contas

Durante o período de turbulência, algumas transformações políticas no país desencadearam um processo de mudança na economia, principalmente com relação à inflação, que passou a ser controlada por um novo sistema legal.

Em 25 de maio de 1966, Severiano Ribeiro pedia a concordata preventiva da Companhia Brasileira de Cinemas. A empresa assumia um passivo de 10 bilhões de cruzeiros e comprometia-se a pagar os credores em parcelas de 4 e 6 bilhões, sendo a primeira em dois anos. O advogado Milton Barbosa, representando as empresas do sr. Severiano Ribeiro, declarava — e a imprensa repercutia — que não havia motivo para os credores se alarmarem:

> Um homem que durante 60 anos sempre pagou integralmente suas dívidas, não vai deixar de ser pontual aos 78 anos de idade. Só o patrimônio dele é quarenta vezes maior do que a dívida, que deverá ser quitada em dois anos, dentro da lei.

A concordata

A notícia seria assunto em destaque na edição do *Jornal do Brasil* de 28 de maio, que errava no título o valor das parcelas: "Severiano Ribeiro requer concordata para pagar 5 bilhões em dois anos."

A reportagem garantia que a crise no setor era nacional e que cinemas e empresas de São Paulo também estavam afetados.

Dezesseis dias antes, a Organização Livio Bruni, principal concorrente do Grupo Severiano Ribeiro nos anos 1970, entrara em processo de concordata, abrindo a temporada de falências. Nesse caso, o Grupo Bruni fora beneficiado pela lei antiga, que dizia: "congelam-se os débitos e o pagamento pode começar a partir da data em que a concordata for julgada". Ao pedir a concordata, o devedor tinha pela frente dois anos antes de começar a apagar os 70% do valor da dívida em parcelas que se espalhavam por mais dois ou três anos. Por esta artimanha jurídico-financeira Livio Bruni continuaria no mercado por mais alguns anos.

A nova lei, vigente no momento em que o Grupo Severiano Ribeiro pedia concordata, tinha sofrido algumas alterações, mas basicamente rezava que o devedor tinha de pagar 100% do débito num prazo que começava a contar da data do pedido da concordata, e com o rigor de duas parcelas anuais. Com o patrimônio de imóveis que tinha à disposição, não foi difícil para Severiano Ribeiro saldar integralmente a dívida e honrar os compromissos.

A concordata seria quitada com a venda do Cine Ipanema e de um terreno ao lado dos cines Coral e Scala, onde hoje existe um edifício. A segunda prestação seria quitada com a venda do prédio (parte de cima) do Cine São Luiz, em Fortaleza, para o Banco do Nordeste. O Banco de Crédito Real de Minas Gerais fora nomeado comissário da concordata e, no devido tempo, os compromissos assumidos com os credores estavam integralmente resgatados. Apesar do desconforto e dos traumas inerentes ao processo, a questão estava resolvida.

CAPÍTULO 14

Tempos modernos

A LISURA E A rapidez com que a concordata seria conduzida durante o ano de 1967 acabariam por reduzir e até mesmo eliminar qualquer impacto que o processo judicial pudesse provocar na estrutura da empresa. Tudo devidamente quitado, promissórias resgatadas, credores atendidos, a cena voltava ao normal em prazo recorde.

No circuito nacional de cinemas, não houve nenhuma alteração significativa como conseqüência, apenas o movimento natural das marés: fechar um cinema superado tecnicamente para abrir outro mais moderno. Da parte de Ribeiro Júnior, no entanto, ficavam desativadas — mas continuariam existindo — a Atlântida e a UCB.

Livre de algumas responsabilidades do cotidiano, Ribeiro Júnior iria concentrar seu trabalho e energia na condução dos negócios do pai. Estava consumada a sucessão do grande comandante, que se retirava do palco para permitir ao filho — que ele tanto admirava — revelar suas virtudes como empresário.

Casado com Lélia Tinoco, desde julho de 1937, Ribeiro Júnior iria repetir a performance do pai e do avô, gerando algumas filhas (Sonia, Lucia, Heloisa) e apenas um filho, Luiz Severiano Ribeiro Neto.

Um episódio para ilustrar uma importante característica da personalidade de Ribeiro Júnior: logo após a renúncia de Jânio Quadros da presidência da República, em 1961, houve uma tentativa palaciana para se impedir a posse de João Goulart. Os cinejornais da Atlântida fizeram defesa veemente da ordem constitucional, repudiando o que consideravam uma ilegalidade inaceitável. Como a história registra, apesar das dificuldades João Goulart tomaria posse e, em seguida, faria um convite a Ribeiro Júnior:

"Você me apoiou de forma firme e eu quero lhe oferecer um ministério, algo que possa trazê-lo para junto de nós."

Ribeiro Júnior reagiu de maneira firme e cordial:

"Agradeço, mas apoiei sua posse porque era o certo e não preciso ser premiado por agir de acordo com as minhas convicções."

A crise dos anos 1980

No final do ano de 1984, segundo dados da Embrafilme,* as salas de cinema do Brasil ofereciam um total de

---

* Empresa Brasileira de Filmes S.A., criada em 1969 pelo governo militar e extinta em 1990 pelo governo de Fernando Collor de Mello.

761.789.000 lugares, ou quase 200 mil a menos do que oferecia quatro anos antes, quando havia 974.136 lugares. Ou seja, em cinco anos houve uma queda de 21,8% na oferta.

As estatísticas de 1984 estão ainda muito mais distantes dos números de 1974, quando eram oferecidos 1.152.871.000 lugares, sendo 931.870.000 para os filmes estrangeiros e 221 milhões para os filmes nacionais. Nos dez anos computados pela Embrafilme, houve uma redução de 33,92% no total da oferta, mas um aumento de 26,64% nos lugares destinados aos filmes nacionais.

Os filmes estrangeiros, porém, perderam 48,28% dos lugares oferecidos. O público dos cinemas foi reduzido quase à metade nos primeiros cinco anos da década de 1980. Entre 1980 e 1984, a freqüência às salas foi reduzida em 74.835.000 vezes. Em 1980, o total de espectadores era de 164.774.000, mas em 1984 não ultrapassou 89.939.000 — uma queda de 45,42%.

Se for comparada ao ano de 1974, quando as pessoas ocuparam as salas de cinema 201.291.000 vezes, a queda verificada em 1984 é ainda maior. Nesse período, a freqüência diminuiu em 111.352.000 vezes, o equivalente a uma redução de 55,3%. Uma perda de 973 salas de cinema.

Este foi o saldo negativo provocado pela intensa redução da platéia brasileira até o início de 1986. Em 1980, havia um total de 2.365 salas. Tudo indica que a redução continuaria a ser expressiva, notadamente nas cidades do interior, até que veio o Plano Cruzado. A estabilidade econômica trouxe um novo estímulo e a esperança de que a população pudesse reconquistar os espaços que perdeu, no período marcado pela dominação militar. Estava começando uma nova etapa para o mercado de cinemas no Brasil, notadamente menos inflado (a televisão era a mensagem), mas bem definido.

Geração Kinoplex

A história registra que os cinemas de rua tiveram seu ocaso com a entrada em cena dos *shopping centers*, oferecendo programas para toda a família com a praticidade e o conforto de uma praça de alimentação ao lado. A novidade viria resgatar o setor de uma grande crise quando, em meados dos anos 80, segundo dados do IBGE, o número de salas estava diminuindo no Brasil. Em 1982, havia 2.139 cinemas, mas dois anos antes eles eram 2.897 em todo o país. No Rio de Janeiro, em particular, foram fechados mais de cinqüenta cinemas nesse período, inclusive o Rian, em 1984, que mereceu uma pequena nota na revista americana *Variety*, lamentando o fim de "*one of the best theatres in Rio*". A reação do mercado viria com a criação dos cinemas concentrados.

O Grupo Severiano Ribeiro certamente iria aderir à novidade, inaugurando, ainda na administração de Ribeiro Júnior, os cinemas Barra 1 e 2, em 1981, e NorteShopping 1 e 2, em 1989. Em seu verbete na *Enciclopédia do Cinema Brasileiro*, o reconhecimento a mais essa conquista:

Tempos modernos

Ao *investir pioneiramente* nas chamadas multissalas, Severiano Ribeiro revertia a tendência de queda do número de cinemas do grupo.

Uma tendência que se consolidaria com a criação do sistema multiplex, em forma de arena (*stadium*), proporcionando grande variação temática. As novas tecnologias permitiriam que várias salas fossem operadas de uma única cabine e com um único operador.

Através do primeiro multiplex do Brasil, montado no final dos anos 80, em Brasília, nascia também a parceria com a Paris Filmes, na criação da empresa Paris Severiano Ribeiro, que consolidava a chegada de uma nova era no conceito de exibição no mercado nacional. A parceria do GSR com o Grupo Paris permanece em vigor ainda hoje.

A novidade não seria apenas incorporada, mas desenvolvida pelo GSR, que em março de 2002 oferecia ao público o Kinoplex Parque D. Pedro, em Campinas, incorporando o mais moderno conceito de cinema da era multiplex. Nos primeiros quinze dias de funcionamento, vários recordes foram batidos com a presença de mais de 50 mil espectadores. Em 2003, nascia o Kinoplex Itaim, São Paulo, com seis salas de projeção e tecnologia digital de som e vídeo. Em seguida, o Kinoplex Praia da Costa, em Vila Velha, Espírito Santo. E outros em Goiânia... Atualmente a empresa possui 28 salas de exibição com a marca Kinoplex, incluindo o complexo de quatro salas no Shopping Leblon, Rio, recém-inaugurado.

Em agosto de 1986, o poeta Carlos Drummond de Andrade publicava na revista *Cine Cultura* a crônica "Os Cinemas estão acabando", onde lamentava:

> *Esse Rio de Janeiro! O homem passou em frente ao Cinema Rian, na avenida Atlântica, e não viu o Cinema Rian. Em seu lugar havia um canteiro de obras. Na avenida Copacabana, Posto 6, o homem passou pelo Cinema Caruso. Não havia Caruso. Havia um negro buraco, à espera do canteiro de obras. Aí alguém lhe disse: "O banco comprou."*

Apesar da nova tendência, o Grupo Severiano Ribeiro continuaria apostando no romantismo da velha tradição, como clamava o poeta, representado ainda hoje por alguns cinemas de rua, entre eles Leblon, Palácio e Roxy, em Copacabana, e Icaraí, em Niterói.

Capítulo 15

Um rito de passagem

Quando Luiz Severiano Ribeiro, o patriarca, morreu, em 1974, a lenda e o império do seu trabalho estavam consolidados. O gigante Lampião caía abatido por uma violenta crise de vesícula, no setor de emergência da Casa de Saúde São José, no Humaitá. Como último ato de sua trajetória, vinha à tona — quase que por acaso — a história pungente da jovem médica hematologista que se desdobrara no atendimento ao paciente, chamando a atenção de parentes e amigos. Mas não havia tempo para milagres da ciência: depois de uma operação às pressas e sem eficácia, Severiano Ribeiro morria às 9 horas e 30 minutos do dia 1º de dezembro, aos 89 anos.

Sua neta Sonia seria a última pessoa a vê-lo com vida, a partir de uma premonição que teve em casa, enquanto dormia. Ela acordou o marido, Sergio Baez, no meio da noite:

Eu pedi para ele tocar para a clínica, pois algo estava acontecendo. Quando chegamos, um pouco depois das 5 da manhã, meu avô já tinha sido operado e estava passando mal. Ele me segurou no braço e disse: "Minha filha, não me deixe morrer, eu tenho muitas coisas pra fazer ainda. Quero completar 90 anos." Faltavam poucos meses para isso acontecer, mas, infelizmente, ele não conseguiu.

Depois de vencer alguns trâmites burocráticos, Sonia — ajudada pela tia Laïs — foi levada a atender ao último desejo do avô, que queria ser enterrado 24 horas após a morte anunciada oficialmente, contrariando as normas do ritual, que previa um tempo menor, quase sempre 12 horas. Ele temia ser enterrado vivo. A família iria se impor às autoridades e seu último desejo seria finalmente atendido.

Depois de tudo consumado, quando alguém foi agradecer o empenho da dra. Isabel — da equipe do cirurgião Augusto Paulino Neto, amigo da família —, ouviu uma explicação inesperada para o esforço despendido e o visível desconsolo pela morte de Ribeiro. Foi uma revelação:

> *Meus estudos foram pagos por este homem durante anos. Ele era conhecido do meu pai, que era gerente do Cine Carioca. Quando o vi entrar no setor de emergência, fiquei muito abalada. Como estou agora. Infelizmente nada pudemos fazer.*

A surpreendente relação de Severiano Ribeiro com seus funcionários pode ser entendida como um gesto huma-

Um rito de passagem

nitário ou de reconhecimento ao valor de uma equipe de trabalho, jamais como um ato pleno de caridade. Severiano Ribeiro não era caridoso; era generoso.

Em 1969, ainda gozando de perfeita saúde, ele faria seu testamento de próprio punho, sem atropelos e de forma serena. Elegia Sergio Baez, casado com sua neta, como seu testamenteiro e Enrique Baez, o velho amigo, como segundo testamenteiro, fechando o último ato de um clima de confiança que vinha desde a época do "empenho da palavra". A ambos, ele escreveu um *memorandum* de próprio punho, comunicando que "tomei a liberdade de lhe escolher como testamenteiro pela amizade e grande admiração que tenho pela sua pessoa, e, sendo você um homem honrado e digno, tenho a certeza que cumprirá religiosamente todas as determinações do meu testamento".

No documento oficial, guardado até hoje no cofre da família, Severiano Ribeiro declarava como sua última vontade poder demonstrar gratidão e reconhecimento aos funcionários que lhe foram dedicados e leais por muitos anos; alguns, durante 35 anos. Aos mais antigos, ofereceu quantias em dinheiro ou auxílio vitalício sempre proporcional aos anos de serviço.

De acordo com suas palavras, "são pessoas que contribuíram com esforço desinteressado para o engrandecimento de nossas organizações". No mesmo documento, declarava deixar todos seus bens materiais, sobretudo os imóveis, para os cinco filhos (e uma única neta, Sonia), da mesma forma como desejava contemplar determinadas obras de benemerência e pessoas amigas.

E foi assim — em seus últimos dias de vida — que Severiano Ribeiro se distribuiu aos próximos depois de conquistar abundância em seus negócios e na vida pessoal.

Um capítulo à parte

Com a morte do velho Lampião, caberia a Ribeiro Júnior continuar à frente da empresa acalentando o projeto de colocá-la em um novo patamar empresarial e familiar. Nada iria mudar substancialmente. Seguindo uma tendência iniciada por seu pai, ele também manteria bons relacionamentos com suas irmãs, agora sócias em percentuais iguais na empresa. Foi assim com Germana (casada com o pediatra Rinaldo Victor De Lamare); com Yolanda (casada com o empresário Antonio Carlos Portella); com Vera (casada com o arquiteto Jonas da Fonseca de Saules, autor dos projetos dos cines Copacabana e Leblon) e com Laïs (casada com o empresário Francisco de Paula Pinto, da siderúrgica Hime, amigo de infância de Ribeiro Júnior). Para todos, Júnior seria o pomo da concórdia, a quem caberia a tarefa de preparar a entrada em cena da próxima geração. Ele deixava claro que cada um tinha o direito de pegar a sua parte em dinheiro e desfazer a estrutura da empresa, mas desaconselhava qualquer dispersão:

"Unidos, nós somos uma força, e divididos não seremos ninguém."

O lema da família passou a ser este, sem dissidência, com a liderança natural de Ribeiro Júnior. Ele era o conciliador.

O diretor Carlos Manga, que se revelou na Atlântida e tornou-se, junto de Cyll Farney, amigo pessoal de Ribeiro Júnior, lembra que após um acidente de carro, quando estava em casa se recuperando dos ferimentos, recebeu a visita cordial de Júnior, que, se aproximando do seu ouvido, perguntou discretamente: "Manga, você está precisando de alguma coisa?"

Durante todos os anos de trabalho com Ribeiro Júnior, Manga lembra-se apenas de uma restrição, em nível pessoal, feita pelo grande *tycoon* e dirigida principalmente aos diretores dos filmes: eles estavam proibidos de namorar qualquer atriz. A não-obediência desta determinação custaria uma suspensão temporária a Manga, pelo envolvimento com a atriz Edith Morel durante as filmagens de *Dupla do barulho*, baseado na verdadeira história de Oscarito e Grande Otelo. A penalidade funcional lhe seria imposta pessoalmente por Ribeiro Júnior, cujos princípios morais e bons costumes vinham do berço — embora sua fama de galanteador seja igualmente relevante nesse contexto.

Nas disputas internas, ainda que involuntárias, era difícil saber quem tinha mais alto o padrão de competência empresarial, se ele ou o pai. O fato é que Ribeiro Júnior jamais recuou diante de um desafio, seguindo a tendência multiplicadora que recebera como herança. Foi, por assim dizer, e na opinião de alguns amigos, um homem feliz e realizado. Em 14 de julho de 1986, a mansão da Codajás se iluminava para a festa de Bodas de Ouro do casal, que as colunas sociais tratavam com letras garrafais: "Le tout Rio na festa dos Severiano Ribeiro". Parentes e amigos apareceram para brindar em grande estilo.

Luiz Severiano Ribeiro Júnior morreu em 15 de junho de 1991, de isquemia cerebral, depois de quase dois anos de tratamento desde o aparecimento da doença. Ainda lúcido, instalou seu escritório em casa e teve tempo de preparar sua retirada da empresa e o surgimento da terceira geração, formada por filhos e irmãs. Incentivada por ele, sua sobrinha Beatriz foi a primeira mulher a entrar para a empresa e ocupar um cargo de direção. Meses antes, já sabendo da gravidade da doença, Ribeiro Júnior formularia uma espécie de testamento empresarial, um documento no qual autorizava as outras empresas da família a usar a marca registrada da Atlântida, seu brinquedo pessoal:

> *A pedido de minha sobrinha mais velha, Germana De Lamare, venho através desta, ceder os direitos de uso do nome Atlântida como fantasia e logotipo da nova Distribuidora, que agora se cria no nosso grupo. Pediria somente que o título não fosse comercializado ou passado a terceiros, permanecendo enquanto marca como um patrimônio do Grupo Severiano Ribeiro. Considerando o pedido uma homenagem a mim, estendo com carinho meus agradecimentos a todos.*

De sua casa no Leblon, Júnior comandava os últimos atos da sua administração frente às empresas, alternando momentos de lucidez com surtos momentâneos. Fez um testamento simples, deixando para os quatro filhos todos seus bens pessoais, inclusive a Atlântida, cujo patrimônio a partir de agora seria administrado por sua filha Lucia. Com o avanço da isquemia, que iria lhe paralisar o braço esquerdo, Ribeiro Júnior passava horas, obstinadamente, fazendo terapia com massagens e movimentos repetitivos. Já não podia se alimentar (usava sondas), mas, estóico, sentava-se à cabeceira da mesa domingueira fazendo a mesma pose de sempre, na lembrança da filha Sonia:

> *Nunca, durante o tempo todo da doença, eu vi o meu pai reclamar de alguma coisa. Era impassível. Apenas pediu para ser velado em casa e não no cemitério.*

Antes, quando ainda gozava de boa saúde, Ribeiro Júnior foi filosófico ao explicar por que dava sinais de "querer parar", diminuindo o ritmo de trabalho:

> *Passei um bom tempo da minha vida correndo atrás do dinheiro, agora é ele que tem que vir atrás de mim.*

Foi assim que ele apareceu, com a mulher Lélia, no aniversário de André, o neto favorito, vestindo a camiseta oficial da festa: *26 anos de Loucura*. Tempos depois, já doente, não conseguiu energia para comparecer ao casamento do mesmo neto, que tem boas lembranças:

> *O que ele pôde fazer para a gente, ele fez.*

Apesar disso, o neto Luiz Henrique, irmão caçula de André*, lembra da surpresa durante uma visita no hospital, quando seu avô conseguiu reunir energia para transmitir a seguinte advertência, a partir de uma sala de UTI:

"A cláusula 3 daquele contrato que falamos na semana passada está errada... Reveja isso."

Um dia antes de morrer ele falou decidido para a mulher, Lélia:

Querida, faça minhas malas. Vou viajar e vai ser uma viagem longa.

Como era seu desejo, Luiz Severiano Ribeiro Júnior foi velado em casa e os amigos foram advertidos para não mandar flores.

No dia seguinte, os jornais de todo o Brasil repercutiam a sua morte. Em Fortaleza, o *Diário do Nordeste* anunciava na coluna "Gente":

Luiz Severiano Ribeiro Jr. morre aos 79 anos

O cearense que teve seu nome ligado ao cinema brasileiro morreu sábado no Rio e deixa 75 cinemas em oito cidades brasileiras, sendo que o mais bonito de todos é o São Luiz, de Fortaleza. No começo, só se entrava de paletó.

---

* Filho de Sonia Severiano e Sergio Baez.

A *Tribuna do Ceará*, em edição de 28 de junho, dizia que "Luiz Severiano foi um dos mais honrados e dignos filho do Ceará. Um homem predestinado. O Ceará está no dever de preparar justa homenagem a este seu filho ilustre."

Em *O Globo*, a notícia de sua morte iria parar — curiosamente — na editoria de Economia, que apresentava uma ampla reportagem com a seguinte chamada:

> Morte de Ribeiro Júnior não muda estratégia do Severiano Ribeiro, que irá investir US$ 10,000,000.00 nos próximos dois anos.

A reportagem referia-se ao legado de Ribeiro Júnior como um império de exibição.

Ribeiro Júnior deixaria como patrimônio da empresa a impressionante marca de 75 cinemas funcionando em todo o Brasil, muitos deles em edifícios próprios. Para efeito de estatística, convém lembrar que a capacidade de cada cinema era o dobro ou o triplo dos cinemas modernos, construídos a partir do ano 2000, quando o futuro chegou.

Capítulo 16

De volta ao futuro

A PARTIR DA MORTE de Ribeiro Júnior, em 1991, a terceira geração já estava preparada para administrar a empresa, manter os negócios da família e tomar decisões que nunca seriam por votação, e sim por consenso. Era questão de honra para eles assumir uma postura sempre interpretada como herança ética inestimável deixada por Luiz Severiano Ribeiro, pai e filho. Agora, o grupo formado por sete pessoas — apenas membros da família — assumiria as decisões estratégicas e operacionais da empresa.

Assim, no período entre 1995 e 2004, sob a gestão do novo grupo, seriam fechados cinquenta cinemas da cadeia e abertos outros 153, totalizando 208 cinemas em operação no ano de 2007.

Caberia à terceira geração conduzir a conclusão da transferência dos cinemas de rua para os de *shopping*, dos de *shopping* para o formato multiplex e do formato multiplex para o multiplex *stadium*. Essa reformulação do perfil da cadeia mostrou-se bem-sucedida na medida em que a cadeia exibidora manteve-se nos mesmos patamares apesar da entrada agressiva no mercado das empresas estrangeiras, como o grupo Cinemark.

Da mesma forma, no cronograma atual não existe mais um nome à frente da empresa, que passaria a ser conhecida como Grupo Severiano Ribeiro, onde cada um exerce uma atividade específica e adequada ao seu perfil profissional:

Luiz Severiano Ribeiro Neto — Filho de Ribeiro Júnior, representa a *holding* do pai e trabalha no setor de programação, considerado o "centro nervoso" da empresa. Aqui, qualquer erro pode levar um bom filme a virar um fracasso. E vice-versa: um péssimo filme pode apresentar uma boa bilheteria. Ribeiro Neto é considerado o melhor programador que a empresa já teve. Conciliador, ponderado e reflexivo, é profundo conhecedor dos mercados nacional e mundial. Em 2002, ganhou o importante prêmio *Show East — Media Salles International Achievement in Exhibition Award*, nos EUA. Exerce também a função de representante da empresa nas entidades de classe e nos órgãos representativos e comissões governamentais, sendo, além disso, responsável pelo relacionamento com as distribuidoras estrangeiras e pela definição da estratégia mercadológica da empresa.

Francisco Pinto Junior — Representante da *holding* de sua mãe, Laïs, foi o primeiro da terceira geração a entrar na empresa. Ingressou em 1961 como auxiliar de programação. Kiko, como é conhecido, cuida do planejamento e de obras de expansão e renovação. Foi responsável pelo planejamento e supervisão das obras de 185 novas salas, dos multiplex da *joint-venture* UCI Ribeiro, e implantação do novo conceito do Kinoplex. Segundo suas palavras: *"Tenho o espírito do meu avô, sou expansionista: o pessoal tem que me segurar."*

Luiz Antonio Ribeiro Pinto — Irmão de Francisco, também representa a *holding* de Laïs e cuida do setor de publicidade. Tem amplo e notável currículo na área de publicidade em cinema, com participação relevante em âmbito nacional e internacional. Estudou e viveu em Londres por dez anos; estagiou na Rank Organization e trabalhou na Rank Advertising Films, de onde trouxe o modelo para a formação da C-P Cinema e Publicidade do Brasil. É representante do Brasil na SAWA (Screen Advertising World Association), organizadora dos festivais em Cannes e Veneza.

Beatriz Severiano Ribeiro de Saules — Foi a segunda representante da terceira geração a entrar na empresa, e a que tem mais tempo de casa, por meio da *holding* de Vera Severiano, sua mãe. Cuida da parte administrativa e tem fama de conhecer de memória os números detalhados da empresa e do mercado, envolvendo rendas, datas e detalhes de contratos. Conhece a empresa com profundidade.

Jorge Severiano Ribeiro de Saules — Entrou na empresa em 1982, exercendo várias funções até assumir a diretoria financeira, permanecendo nela até seu desaparecimento prematuro, em 1994.

Vera Severiano Ribeiro de Saules — Sua irmã, que tem o mesmo nome da mãe, o substituiu. Atualmente, cuida da parte financeira da empresa. É responsável pelo dinheiro, aplicações, fluxo de caixa e financiamentos.

Maria Thereza de Lamare — Filha de Germana, representa a *holding* da mãe e é responsável pelo departamento de pessoal. Considerada uma estrategista hábil, busca o consenso da diretoria, valorizando as diferenças e os pontos em comum que o viabilizam. Peça fundamental na visão de futuro do grupo.

Marcus Abud Portella — Representante da *holding* de Yolanda, é o único da quarta geração a participar da administração do Grupo. Respeitado pela forma cautelosa de trabalhar, assumiu um lugar que já era seu por direito. Conciliador por natureza é a ponte com a quarta geração.

Luiz Gonzaga Assis De Luca — Doutor em Ciência da Comunicação e único membro da diretoria que não pertence à família. Tem mais de trinta anos no mercado, tendo ocupado cargos de direção na Embrafilme, na Maurício de Souza Produções e no Circuito Sul-Paulista de cinemas. Atua na estruturação de projetos da empresa e na captação de recursos externos. Está no grupo há dez anos, e tem boa reputação pelos conhecimentos técnicos e ponderação.

Germana de Lamare — Intelectual, jornalista, trabalhou por quatorze anos no *Correio da Manhã*, chegando a editora do Segundo Caderno. Participou de inúmeros programas jornalísticos e de variedades na televisão. Aos 37 anos, com o fim do jornal, voltou aos estudos, formando-se em Psiquiatria. Integra o Conselho de Administração do Grupo Severiano Ribeiro.

De volta ao futuro

Lúcia Severiano Ribeiro — Desde a morte de seu pai, Luiz Severiano Ribeiro Júnior, administra a *holding* de sua família e as empresas Atlântida Cinemas e Atlântida Cinematográfica. Exerce também a função de Conselheira do Grupo Severiano Ribeiro.

Quarta Geração — Forma um Conselho sem função estatutária, que se reúne uma vez por mês com a Diretoria para troca de idéias e opiniões e tem cinco representantes, um de cada *holding*. Uma nota que merece destaque é que **Vera Severiano Ribeiro de Saules** é a única representante da 2ª geração ainda viva, e assiste com entusiasmo à empresa do pai chegar aos noventa anos com o mesmo espírito empreendedor que guarda em sua memória.

Números de hoje

Curiosidade estatística do GSR em números redondos com base no consumo em 2006, quando 881 funcionários trabalhavam na cadeia de cinemas em âmbito nacional:
 160 filmes lançados
 15 milhões de espectadores/ano
 90 mil poltronas oferecidas ao público
 300 toneladas de milho para pipoca
 1 tonelada de sal
 1,8 milhão de litros de refrigerantes
 2,3 milhões de sacos de pipoca

Em julho de 2007, ao festejar 90 anos, o Grupo Severiano Ribeiro, representado pelo conselho e pelo conselhinho,

O rei do cinema

reiterava a disposição de continuar o trabalho dos pioneiros, confirmando que a próxima atração do circuito — oferecida ao público com as modernas conveniências, diz a propaganda — está apenas começando. Aos pais e mães um conselho: desliguem os celulares e observem os avisos de não fumar; aos jovens, um pedido: comam pipoca de boca fechada para não irritar o espectador ao lado.

Posfácio

Recordo-me perfeitamente do dia em que passava entre os corredores de uma locadora de vídeos, abarrotada de catálogos e de títulos do cinema nacional. Meus olhos elegeram um antigo VHS que estampava em sua capa os rostos sorridentes de duas belas jovens fardadas (Eliana Macedo e Adelaide Chiozzo) manejando um leme à frente de uma trupe de comediantes fazendo caras e caretas. Tinha meus 18 anos de idade quando a tal imagem, em questão de segundos, fez surgir dentro de mim um interesse imediato por desvendar o universo que compunha aquela fita.

"Assim Era a Atlântida", dizia o título. Assisti ao filme surpreso com tanta originalidade e criatividade em um produto simples e genuinamente brasileiro, além das décadas que o separavam da minha geração. Desde aquele momento, minhas incessantes buscas pelas fontes que geraram tudo aquilo conduziram-me diretamente à figura do provedor Luiz Severiano Ribeiro e do grande mentor

Luiz Severiano Ribeiro Jr. Um sensível olhar através da janela cinematográfica gerou frutos. Pelo contato com estes que em sua humanidade propiciaram o surgimento de uma obra repleta de amor, luta, força e muita, mas muita estratégia de sobrevivência ao exibir, produzir ou distribuir filmes em um mercado rodeado de incertezas e pelo acompanhamento deste rastro factual, tornei-me testemunha apaixonada pela construção dos belos pavimentos da história do Grupo Severiano Ribeiro, que representa, automaticamente, uma grande parcela do cinema nacional.

Os palácios cinematográficos, que fisicamente foram erguidos, enriquecendo a arquitetura das cidades, as *avant-premières*, o furor social em torno da sétima arte, provocado pelo impacto de todos os esforços, foram o afago dos Severiano Ribeiro ao orgulho dos brasileiros.

Assim foi que um homem movido por idéias inovadoras e rígidos princípios venceu preconceitos, realizou seus enfrentamentos, para ver nascer diante de seus olhos o resultado do esforço de toda uma vida, provando que o comum pode se transformar em extraordinário.

Vinícius Chiappeta Braga

Filmes produzidos pela Atlântida

1) *Astros em desfile* (1942)
   Direção: José Carlos Burle
   Elenco: Grande Otelo, Emilinha Borba, Luiz Gonzaga, Manezinho Araujo, Quatro Ases e Um Coringa, Déo Maia
   Filme média-metragem com números musicais interpretados por artistas famosos da época. Era exibido junto com o documentário sobre o IV Congresso Eucarístico, realizado em São Paulo, 1942

2) *Moleque Tião* (1943)
   Direção: José Carlos Burle
   Elenco: Grande Otelo, Custódio Mesquita
   Primeiro filme produzido pela Atlântida

3) *É proibido sonhar* (1943)
   Direção: Moacir Fenelon
   Elenco: Mesquitinha, Lourdinha Bittencourt, Mário Brasini

4) *Brasil desconhecido* (1944) (documentário)
   Direção: Paulo Burle

5) *Tristezas não pagam dívidas* (1944)
   Direção: José Carlos Burle
   Elenco: Oscarito, Grande Otelo, Jayme Costa, Ítala Ferreira
   Primeiro filme com Oscarito e Grande Otelo juntos e primeiro filme de Oscarito na Atlântida

6) *Gente honesta* (1945)
   Direção: Moacir Fenelon
   Elenco: Oscarito, Vanda Lacerda, Mário Brasini, Lídia Matos

7) *Romance de um mordedor* (1945)
   Direção: José Carlos Burle
   Elenco: Mesquitinha, Modesto de Souza

8) *Não adianta chorar* (1945)
   Direção: Watson Macedo
   Elenco: Oscarito, Grande Otelo, Mary Gonçalves
   Primeiro filme dirigido por Watson Macedo na Atlântida

9) *Vidas solitárias* (1945)
   Direção: Moacir Fenelon
   Elenco: Mário Brasini, Vanda Lacerda

10) *Gol da vitória* (1946)
    Direção: José Carlos Burle
    Elenco: Grande Otelo, Ítala Ferreira

11) *Segura esta mulher* (1946)
    Direção: Watson Macedo
    Elenco: Mesquitinha, Marion, Grande Otelo, Catalano, Colé

12) *Sob a luz do meu bairro* (1946)
Direção: Moacir Fenelon
Elenco: Milton Carneiro, Alma Flora, Catalano, Luiza Barreto Leite

13) *Fantasma por acaso* (1946)
Direção: Moacir Fenelon
Elenco: Oscarito, Mário Brasini, Vanda Lacerda, Mary Gonçalves, Luiza Barreto Leite

14) *Este mundo é um pandeiro* (1946)
Direção: Watson Macedo
Elenco: Oscarito, Grande Otelo, Marion, Olga Latour, Catalano. Números musicais com Emilinha Borba, Nélson Gonçalves, Luiz Gonzaga, Afonso e Adelaide Chiozzo, Alvarenga e Ranchinho

15) *Luz dos meus olhos* (1947)
Direção: José Carlos Burle
Elenco: Celso Guimarães, Cacilda Becker, Grande Otelo, Luiza Barreto Leite, Heloisa Helena

16) *Asas do Brasil* (1947)
Direção: Moacir Fenelon
Elenco: Oscarito, Celso Guimarães, Mary Gonçalves, Violeta Ferraz, Paulo Porto

17) *Falta alguém no manicômio* (1948)
Direção: José Carlos Burle
Elenco: Oscarito, Modesto de Souza, Vera Nunes

18) *Terra violenta* (1948)
Direção: Eddie Bernoudy (americano)

Elenco: Anselmo Duarte, Celso Guimarães, Graça Mello, Heloisa Helena, Mário Lago, Maria Fernanda, Luiza Barreto Leite, Grande Otelo, Aguinaldo Camargo

19) *É com esse que eu vou* (1948)
Direção: José Carlos Burle
Elenco: Oscarito, Grande Otelo, Marion, Catalano, Heloisa Helena, Madame Lou. Números musicais com Luiz Gonzaga, Emilinha Borba, Adelaide Chiozzo, Alvarenga e Ranchinho, Quitandinha Serenaders, Ciro Monteiro, Ruy Rey

20) *E o mundo se diverte* (1949)
Direção: Watson Macedo
Elenco: Oscarito, Grande Otelo, Alberto Ruschel, Eliana, Catalano, Madame Lou. Números musicais com Quitandinha Serenaders, Ruy Rey, Luiz Americano, Aracy Costa, Juliana Yanakiewa e seu corpo de baile
Primeiro filme de Eliana Macedo, sobrinha de Watson, responsável pela descoberta da Namoradinha do Brasil

21) *O caçula do barulho* (1949)
Direção: Ricardo Freda (italiano)
Elenco: Oscarito, Grande Otelo, Anselmo Duarte, Giana Maria Canale
Primeiro filme brasileiro com cenas de brigas usando técnicas cinematográficas italianas, que influenciaram a inclusão desse tipo de cena na chanchada carioca

22) *Escrava Isaura* (1949)
Direção: Eurides Ramos
Elenco: Fada Santoro, Cyll Farney, Graça Mello, Sadi Cabral, Fregolente
Primeiro filme de Cyll Farney

Filmes produzidos pela Atlântida 185

23) *Também somos irmãos* (1949)
Direção: José Carlos Burle
Elenco: Grande Otelo, Aguinaldo Camargo, Vera Nunes, Sérgio Oliveira, Agnaldo Rayol, Jorge Dória, Ruth de Souza

24) *Carnaval no fogo* (1949)
Direção: Watson Macedo
Elenco: Oscarito, Grande Otelo, Anselmo Duarte, Eliana, José Lewgoy, Adelaide Chiozzo, Rocyr Silveira, Francisco Dantas. Números musicais com Francisco Carlos, Elvira Pagã, Jorge Goulart, Marion, Ruy Rey e sua orquestra, Benê Nunes e sua orquestra, Cuquita Carballo, Vocalistas Tropicais, Juliana Yanakiewa e seu corpo de baile
Filme considerado o protótipo da chanchada, com romance, humor, ação e números musicais. Primeiro filme de José Lewgoy como ator

25) *Não é nada disso* (1950)
Direção: José Carlos Burle
Elenco: Catalano, Modesto de Souza, Mara Rúbia

26) *A sombra da outra* (1950)
Direção: Watson Macedo
Elenco: Anselmo Duarte, Eliana, Rocyr Silveira, Fregolente
Prêmio de melhor direção de 1950 para Watson Macedo

27) *Aviso aos navegantes* (1951)
Direção: Watson Macedo
Elenco: Oscarito, Grande Otelo, Anselmo Duarte, Eliana, Adelaide Chiozzo, José Lewgoy, Ivon Cúri. Números musicais com Jorge Goulart, Francisco Carlos, Emilinha Borba,

Quatro Ases e Um Coringa, Benê Nunes e sua orquestra, Cuquita Carballo, Ruy Rey e sua orquestra, Juliana Yanakiewa e seu corpo de baile
Primeiro filme de Ivon Cúri

28) *Aí vem o barão* (1951)
Direção: Watson Macedo
Elenco: Oscarito, Cyll Farney, Eliana, José Lewgoy, Adelaide Chiozzo, Ivon Cúri
Primeiro filme de Cyll Farney e Eliana juntos

29) *Maior que o ódio* (1951)
Direção: José Carlos Burle
Elenco: Anselmo Duarte, Jorge Dória, Ilka Soares, José Lewgoy, Agnaldo Rayol

30) *Areias ardentes* (1951)
Direção: J.B. Tanko
Elenco: Cyll Farney, Fada Santoro, Renato Restier, Luiza Barreto Leite, José Lewgoy
Adaptação de uma novela de Eduardo Pessoa Guimarães

31) *Barnabé, tu és meu* (1952)
Direção: José Carlos Burle
Elenco: Oscarito, Grande Otelo, Cyll Farney, Fada Santoro, José Lewgoy, Renato Restier, Adelaide Chiozzo, Emilinha Borba, Pagano Sobrinho, Jece Valadão, Wilson Viana. Números musicais com Francisco Carlos, Marion, Ivon Cúri, Ruy Rey e sua orquestra, Benê Nunes, Os Cariocas, Vera Lúcia, Bill Farr, Mary Gonçalves
Emilinha Borba canta e faz o papel de Rosita

Filmes produzidos pela Atlântida

32) *Três vagabundos* (1952)
Direção: José Carlos Burle
Elenco: Oscarito, Grande Otelo, Cyll Farney, Ilka Soares, José Lewgoy

33) *Amei um bicheiro* (1952)
Direção: Jorge Ileli e Paulo Wanderley
Elenco: Cyll Farney, Eliana, Grande Otelo, José Lewgoy, Josette Bertal, Jece Valadão
Carlos Manga como assistente de direção

34) *É pra casar?* (1953)
Direção: Luiz de Barros
Elenco: Silva Filho, Diana Morel, Manoel Vieira, Carlos Tovar, Adriano Reis, Grijó Sobrinho

35) *Carnaval em Caxias* (1953)
Direção: Paulo Wanderley
Elenco: José Lewgoy, Dóris Monteiro, Modesto de Souza, Josette Bertal, Consuelo Leandro, Wilson Grey, Iracema Vitória. Números musicais com Benê Nunes, Linda Batista, Dircinha Batista, Jorge Goulart, Nora Ney, Nélson Gonçalves, Carmélia Alves, Valdo César
Nélson Pereira dos Santos era assistente de direção. Uma produção Atlântida Cinematográfica/Flama Filmes

36) *Carnaval Atlântida* (1953)
Direção: José Carlos Burle
Elenco: Oscarito, Grande Otelo, Cyll Farney, Eliana, José Lewgoy, Renato Restier, Colé, Maria Antonieta Pons, Iracema Vitória, Carlos Alberto, Wilson Grey. Números musicais com Benê Nunes, Blecaute, Nora Ney, Dick Farney, Francisco Carlos, Bill Farr, Chiquinho e sua orquestra
Carlos Manga dirige os números musicais

37) *A dupla do barulho* (1953)
Direção: Carlos Manga
Elenco: Oscarito, Grande Otelo, Edith Morel, Renato Restier
Primeiro filme dirigido por Carlos Manga

38) *Os três recrutas* (1953)
Direção: Eurides Ramos
Elenco: Ankito, Colé, José Lewgoy, Adriano Reis, Míriam Teresa, Dary Reis

39) *Nem Sansão nem Dalila* (1954)
Direção: Carlos Manga
Elenco: Oscarito, Eliana, Fada Santoro, Cyll Farney, Wilson Viana, Carlos Cotrim, Wilson Grey
Paródia ao sucesso de Hollywood, Sansão e Dalila, *de Cecil B. de Mille*

40) *Malandros em quarta dimensão* (1954)
Direção: Luiz de Barros
Elenco: Jayme Costa, Colé, Grande Otelo, Julie Bardot, Amelinha Lisboa, Wilson Grey, Carlos Tovar, Adriano Reis, Sérgio de Oliveira, Suzy Kirby. Números musicais com Blecaute, Bob Nélson, Dick Farney, Nora Ney, Francisco Carlos, Benê Nunes, Horacina Correa, Adelaide Chiozzo, Eliana, Bill Farr

41) *A outra face do homem* (1954)
Direção: J.B. Tanko
Elenco: Renato Restier, Eliana, Carlos Tovar, Inalda de Carvalho, John Herbert
Primeiro filme de Inalda de Carvalho, que venceu o concurso Miss Cinelândia, em 1953. O prêmio, um contrato de atriz com a Atlântida

Filmes produzidos pela Atlântida 189

42) *Matar ou correr* (1954)
Direção: Carlos Manga
Elenco: Oscarito, Grande Otelo, José Lewgoy, Inalda de Carvalho, John Herbert, Renato Restier, Wilson Grey, Wilson Viana, Altair Vilar, Julie Bardot
Paródia ao filme Matar ou morrer, *de Fred Zinnemann*

43) *Guerra ao samba* (1955)
Direção: Carlos Manga
Elenco: Oscarito, Cyll Farney, Eliana, Renato Restier, Renata Fronzi, Margot Louro, Wilson Viana, Francisco Carlos, Ivon Cúri, Ítala Ferreira. Números musicais com Blecaute, Dircinha Batista, Vocalistas Tropicais, Jorge Goulart, Nora Ney, Dalva de Andrade, Trio de Ouro, Bené Nunes, Herivelto Martins e sua escola de samba
Primeiro filme de Francisco Carlos, El Broto, como ator

44) *O golpe* (1955)
Direção: Carlos Manga
Elenco: Oscarito, Violeta Ferraz, Renato Restier, Margot Louro, Míriam Teresa, Adriano Reis, Afonso Stuart
Adaptação da peça O Golpe, *de Mário Lago e José Wanderley*

45) *Paixão nas selvas* (1955)
Direção: Franz Eichhorn
Elenco: Cyll Farney, Grande Otelo, Vanja Orico, Wilson Grey, Gilberto Martinho
Uma co-produção Atlântida Cinematográfica / Astra (Alemanha Ocidental). Foi feita uma versão em alemão com alguns atores diferentes

46) *Chico Viola não morreu* (1955)
Direção: Roman Viñoly Barreto (argentino)

Elenco: Cyll Farney, Eva Wilma, Inalda Carvalho, Wilson Grey, Heloisa Helena, Joe Lester, Wilza Carla
Biografia romanceada do cantor Francisco Alves, o Rei da Voz

47) *Colégio de brotos* (1956)
Direção: Carlos Manga
Elenco: Oscarito, Cyll Farney, Inalda de Carvalho, Margot Louro, Míriam Teresa, Renato Restier, Avany Maura, Francisco Carlos, Badaró, Afonso Stuart, Daniel Filho, Augusto César, Moacir Deriquém, Agildo Ribeiro
Recorde de bilheteria com 250 mil espectadores na primeira semana

48) *Vamos com calma* (1956)
Direção: Carlos Manga
Elenco: Oscarito, Cyll Farney, Eliana, Ivon Cúri, Margot Louro, Avany Maura, Wilson Grey, Wilson Viana, Moacir Deriquém, Maurício Sherman. Números musicais com César de Alencar, Ataulfo Alves, Blecaute, Emilinha Borba, Bill Farr, Jorge Goulart, Nora Ney, Francisco Carlos, Ester de Abreu, Isaurinha Garcia, Ruy Rey, Heleninha Costa, Venilton Santos
Adaptação da peça Cabeça de Porco, *de Luiz Iglézias e Miguel Santos*

49) *Papai Fanfarrão* (1956)
Direção: Carlos Manga
Elenco: Oscarito, Cyll Farney, Míriam Teresa, Margot Louro, Berta Loran, Afonso Stuart, Mário Lago
Adaptação da peça Papai Fanfarrão, *de Mário Lago e José Wanderley*

Filmes produzidos pela Atlântida 191

50) *Garotas e samba* (1957)
Direção: Carlos Manga
Elenco: Renata Fronzi, Adelaide Chiozzo, Sonia Mamede, Zé Trindade, Francisco Carlos, Zezé Macedo, Pituca, Jece Valadão, César Ladeira, Ivon Cúri, Teresinha Morango, Grijó Sobrinho, Suzy Kirby, Berta Loran. Números musicais com Jorge Goulart, Nora Ney, Emilinha Borba

51) *Treze cadeiras* (1957)
Direção: Franz Eichhorn
Elenco: Oscarito, Renata Fronzi, Zé Trindade, Oswaldo Elias, Zezé Macedo, Monsueto e sua escola de samba, Coro dos Canarinhos (regido por Frei Betto)

52) *De vento em popa* (1957)
Direção: Carlos Manga
Elenco: Oscarito, Cyll Farney, Dóris Monteiro, Sonia Mamede, Zezé Macedo, Margot Louro
Prêmio da crítica do Rio de Janeiro como melhor filme de 1957

53) *É a maior* (1958)
Direção: Carlos Manga
Elenco: Cyll Farney, Sonia Mamede, Walter D'Ávila, Pituca, Nádia Maria, Dinorah Marzullo, Murilo Néri

54) *Esse milhão é meu* (1958)
Direção: Carlos Manga
Elenco: Oscarito, Sonia Mamede, Míriam Teresa, Margot Louro, Zezé Macedo, Afonso Stuart, Augusto César, Francisco Carlos

55) *E o espetáculo continua* (1958)
    Direção: Cajado Filho
    Elenco: Cyll Farney, Eliana, Dóris Monteiro, John Herbert, Zezé Macedo, Augusto César, Pituca, Ítalo Rossi, César Viola

56) *O homem do Sputnik* (1959)
    Direção: Carlos Manga
    Elenco: Oscarito, Zezé Macedo, Cyll Farney, Neide Aparecida, Jô Soares, Norma Bengell, César Viola, Heloisa Helena, Alberto Peres, Grijó Sobrinho, Hamilton Ferreira, Labanca, Fregolente, Abel Pera
    Primeiro filme de Jô Soares e Norma Bengell. Considerado recordista de público, com mais de 15 milhões de espectadores

57) *Cupim* (1959)
    Direção: Carlos Manga
    Elenco: Oscarito, Margot Louro, Sonia Mamede, Augusto César, Marilu Bueno, Renato Restier, César Viola
    Adaptação da peça Cupim, de Mário Lago e José Wanderley

58) *O palhaço o que é?* (1959)
    Direção: Carlos Manga
    Elenco: Carequinha, Fred Villar, Sonia Mamede, Nancy Wanderley, Francisco Anísio, Hamilton Ferreira, Castro Barbosa, Fábio Sabag, Labanca, Yara Côrtes, Jaime Filho, Silveirinha

59) *Aí vem a alegria* (1959)
    Direção: Cajado Filho
    Elenco: Sonia Mamede, Sérgio Roberto, Francisco Negrão, Renato Restier, Antonio Carlos, Pituca, Mária Pétar, Carmem Verônica, Evelyn Rios, Carlos Manga, Dick Farney,

Jackson do Pandeiro e Almira Castilho, Nestor Montemar, Abgail Paresi

60) *Duas histórias* (1960)
Direção: Carlos Manga
Elenco: Oscarito, Cyll Farney, Sonia Mamede, Odete Lara, Jaime Filho, Francisco Anísio

61) *Os dois ladrões* (1960)
Direção: Carlos Manga
Elenco: Oscarito, Cyll Farney, Eva Todor, Jaime Filho, Irma Álvarez, Jayme Costa, Ema D'Ávila, Sérgio Roberto, Lenita Clever

62) *Quanto mais samba melhor* (1961)
Direção: Carlos Manga
Elenco: Cyll Farney, Mária Pétar, Vagareza, Jayme Costa, Antonio Carlos, Rose Rondelli, Jaime Filho, Vera Regina, Waldir Maia, Diana Morel

63) *Pintando o sete* (1961)
Direção: Carlos Manga
Elenco: Oscarito, Cyll Farney, Sonia Mamede, Mária Pétar, Vera Regina, Ilka Soares, Ema D'Ávila, Antonio Carlos, Zélia Hoffman, Jomery Pozzoli, Grijó Sobrinho, Hélio Colona

64) *Entre mulheres e espiões* (1962)
Direção: Carlos Manga
Elenco: Oscarito, Vagareza, Rose Rondelli, Paulo Celestino, Marly Bueno, Modesto de Souza, Silveirinha

65) *As sete Evas* (1962)
Direção: Carlos Manga

Elenco: Cyll Farney, Odete Lara, Marly Bueno, Sonia Müller, Zélia Hoffman, Márcia de Windsor, Delly Azevedo, Adriano Reis, Paulo Autran, Míriam Rony, Célia Biar, Hélio Colona, Carlos Duval, Karla Kramer
Uma produção Atlântida Cinematográfica / Cyll Farney

66) *Os apavorados* (1962)
Direção: Ismar Porto
Elenco: Oscarito, Vagareza, Siwa, Nair Bello, Adriano Reis, Mária Pétar, César Viola

67) *Assim era a Atlântida* (1974)
Direção: Carlos Manga
Documentário com trechos dos principais filmes produzidos pela Atlântida

Bibliografia

Livros

ABREU, Brício de. *Esses populares tão desconhecidos*. Rio de Janeiro: Ed. Raposo Carneiro, 1963.

ALBIN, Ricardo Cravo. *Museu da Imagem e do Som: rastros de memória*. Rio de Janeiro: Sextante Artes, 2000.

ALMEIDA, Marco Antonio Bettine de. Lazer no Estado Novo e os usos do tempo livre. Artigo, 2006.

ASSIS, Wagner. *Ilka Soares: a bela da tela*. São Paulo: Fundação Padre Anchieta / Imprensa Oficial, 2005.

_____. *Renata Fronzi — Chorar de rir*. São Paulo: Editora Cultura / Imprensa Oficial de SP, 2005.

AUGUSTO, Sergio. *Este mundo é um pandeiro — chanchada de Getúlio Vargas a JK*. São Paulo: Companhia das Letras, 1989.

AZEREDO, Ely. Acervo — Curadoras Maria Helena e Isadora Moniz Vianna.

BERNARDET, Jean-Claude. *O que é cinema*. São Paulo: Brasiliense, 1996.

BRITO, Dulce Damasceno de. *Hollywood nua e crua*. São Paulo: Edições Símbolo, 1976.

CASTRO, Moacir Werneck de. *Europa, 1935*. Rio de Janeiro: Record, 2000.

CATANI, Afranio M. e SOUZA e José I. de Melo. *A chanchada no cinema brasileiro*. São Paulo: Brasiliense, 1983.

COSTA, Nélson. *Rio de ontem e de hoje*. Rio de Janeiro: Leo, 1958.

CRUZ, Adolfo. *Repórter de cinema... e a vivência da fé*. São Paulo: Cedro, 2004.

DEMASI, Domingos. *Chanchadas e dramalhões*. Rio de Janeiro: Funarte, 2001.

DUARTE, Anselmo. *Anselmo Duarte: o homem da Palma de Ouro*. São Paulo: Imprensa Oficial, 2004.

FERREIRA, Suzana Cristina de Souza. *Cinema carioca nos anos 30 e 40: os filmes musicais nas telas da cidade*. São Paulo / Belo Horizonte: Annablume / UFMG, 2003.

GÉRSON, Brasil. *História das ruas do Rio*, 4ª ed. São Paulo: Brasiliense, 1963.

GOMES, Paulo Emilio Sales. *Cinema: trajetória no subdesenvolvimento*. Rio de Janeiro: Paz e Terra, 1986.

GONZAGA, Adhemar e Sales, P.E. *70 anos de cinema brasileiro*. Rio de Janeiro: Expressão e Cultura, 1966.

GONZAGA, Alice et al. *50 anos de Cinédia*. Rio de Janeiro: Record, 1987.

_____. *Palácios e poeiras — 100 anos de cinemas no Rio de Janeiro*. Rio de Janeiro: Funarte / Record, 1996.

JACOBS, Lewis. *The Rise of the American Film — A Critical History*. Nova York: Harcourt, Brace and Company, 1939.

LAVER, James. *A roupa e a moda — Uma história concisa*. São Paulo: Companhia das Letras, 1989.

LEAL, Vinicius Barros. *História de Baturité — Época Colonial*. Fortaleza: Secretaria de Cultura e Desporto, 1981.

LEITE, Ary Bezerra. *História da energia no Ceará*. Fortaleza: Edições Fundação Demócrito Rocha, 1996.

LINHARES, Marcelo. *Guaramiranga e os Caracas: Notas genealógicas*. Fortaleza: ABC Editora, 2001.

MÁXIMO, João. *Cinelândia: Breve história de um sonho.* Rio de Janeiro: Salamandra, 1997.

MEIRELLES, Willian Reis. *Paródia & chanchada: Imagens do Brasil na cultura das classes populares.* Londrina: Eduel, 2005.

MELLO, Alcino Teixeira de. *Cinema: Legislação atualizada, anotada e comentada.* Brasília: Ministério da Educação e Cultura, 1972.

MURCE, Renato. *Bastidores do rádio: Fragmentos do rádio de ontem e de hoje.* Rio de Janeiro: Imago / Instituto Nacional de Música, 1976 (impressão 1988).

NETO, Antonio Leão da Silva. *Dicionário de filmes brasileiros.* Edição do Autor, 2002.

NOBRE, Fernando Silva. *1001 cearenses notáveis.* Rio de Janeiro: Casa do Ceará, 1996.

_____. *Cronologia da cultura cearense.* Rio de Janeiro: Academia Cearense de Ciências, Letras e Artes do Rio de Janeiro, 1988.

_____. *Diário de um cinemeiro.* Fortaleza: Grecel, 1980.

_____. *O Ceará e o cinema.* Companhia Brasileira de Artes Gráficas, 1989.

Nosso século. 1930-1945: A era de Vargas, 1945-1960: A era dos partidos São Paulo: Abril Cultural, 1982.

PEREIRA, Geraldo Santos. *Plano geral do cinema brasileiro: história, cultura, economia e legislação.* Editor Borsoi, 1973.

PIPER, Rudolf. *Filmusical brasileiro e chanchada.* São Paulo: Global, 1977

SESC SÃO PAULO. *Moacyr Fenelon e a criação da Atlântida.* São Paulo, 2004.

SHIPMAN, David. *Cinema: The First Hundred Years.* Phoenix Illustrated, 1993.

SILVA, Gastão Pereira da. *Francisco Serrador, o criador da Cinelândia.* Rio de Janeiro: Vieira de Mello, s.d.

TINHORÃO, J. Ramos. *Os sons que vêm da rua.* Rio de Janeiro: Tinhorão, 1976.

VERIANO, Pedro. Instituto Nacional de Cinema / Companhia Editora Americana. 1972.

VIANY, Alex. *Introdução ao cinema brasileiro.* Rio de Janeiro: Alhambra / Embrafilme, 1987.

WANDERLEY, Múcio Leal. *Coisas de cinema: "Flash Back" de um exibidor de província.* União Superintendência de Imprensa e Editora, 1985.

XAVIER, Ismail (org.). *A experiência do cinema: Antologia.* Rio de Janeiro: Edições Graal / Embrafilme, 1983.

Revistas e periódicos

Cine Arte
O Perfil (Ceará, Fortaleza — semanário — ano II, n° 52 — 15 de julho de 1917)
Revista *Cinelândia* (Rio de Janeiro — ano I, n° 1 até o n° 305)
Revista *Manchete*
Revista *O Cruzeiro*
Revista *Veja*
A Cena Muda

Jornais

Correio da Manhã
Correio do Ceará
Diário do Estado
Gazeta de Notícias
Jornal do Brasil
O Globo
O Nordeste
Povo
Tribuna da Imprensa
Ultima Hora

Agradecimentos

Especiais a Luiz Henrique Severiano Ribeiro Baez pela incansável dedicação e apoio a esta pesquisa, que teve início com as comemorações dos 90 anos do GSR.
Ao dr. Ary Leite, especialista em cultura cearense (em particular), pelas informações e revisões que tornaram este livro menos sujeito a equívocos históricos.
Agradecimentos também a Oscar Maron Filho, que teve a idéia inicial de me aproximar do projeto.
A Dickson Macedo, cineasta; Marciano Lopes, memorialista; e Michael Murphy, da United Pictures, por seus depoimentos.
Aos jornalistas e pesquisadores Ely Azeredo (pelo arquivo pertinente) e José Carlos Monteiro, pelas conversas e camaradagem.
Ao Grupo Severiano Ribeiro, de onde surgiram muitas contribuições e nenhuma objeção.

Índice onomástico

A

Acioly, Nogueira, 36
Acton, Ernesto de Sá, 45
Aguiar, Vanderci Chagas de, 142
Alice, 23
Almeida, Marco Antonio Bettine de, 116
Amaral Neto, 148
Amerikan Kinema, 49, 52
Amorim, Celso, 147
André, 171, 172
Ankito, 127
Araújo, Guilherme, 68
Atlântida Cinemas, 125
Atlântida Cinematográfica, 14, 109, 118, 121-152
Aurélia, 20, 30
Austin, William, 68
Azeredo, Ely, 135, 136
Azevedo, Alinor, 109, 122, 140

B

Baez, Enrique, 101, 102, 108, 119, 149, 167
Baez, Sérgio, 102, 165, 167, 172
Barbosa, Milton, 156
Barbosa, Ruy, 45
Barros, Faustino, 141
Baturité, 16-18, 20-22, 25, 28, 29, 110
Becker, Cacilda, 142
Belém, 71, 82, 111
Bengell, Norma, 110, 127, 147, 148
Bergman, Ingrid, 81
Bernardes, Artur, 88
Bertini, Francesca, 60
Biographo Americano, 24
Borba, Emilinha, 131, 140
Bozzano, Julio, 154
Braga, Antônio Ferreira, 45
Brasil Vita Filmes, 117
Brian, Mary, 68
Bruni, Lívio, 76, 157
Brynner, Yul, 81
Burle, José Carlos, 109, 118, 121-123, 130, 131
Burle, Paulo, 122

C

Camargo, Joracy, 149
Canale, Gianna Maria, 149
Caracas, José Pacífico da Costa, 18-20, 39
Caracas, Maria Felícia, 18, 20, 27
Carbonari, Primo, 148
Caruso, Domingos Vassalo, 90
Carvalho, Plácido de, 57, 60, 61
Carvana, Hugo, 144, 145
Casalegno, Emílio, 68
Cassino Cearense, 49, 52, 55
Castro, Inês de, 149
Castro, Moacyr Werneck, 106
Castro, Vital Ramos de, 90, 92
Chateaubriand, Assis, 15, 16
Chiozzo, Adelaide, 131, 132
Cidade dos Cinemas, 93, 96
Cine América, 97
Cine Americano, 99, 100
Cine Araçanga, 75
Cine Atapu, 75
Cine Atlântico, 88, 100
Cine Avenida, 99
Cine Beira-Mar, 88, 97
Cine Boa Vista, 71
Cine Brasília, 146
Cine Capitólio, 96, 140
Cine Cascadura, 100
Cine Coral, 157
Cine Cristo Rei, 73
Cine Diogo, 71-73, 75, 76
Cine Dois Irmãos, 75
Cine Duarte Coelho, 71
Cine Eldorado, 71
Cine Fortaleza, 75
Cine Glória, 96, 100
Cine Helvética, 70
Cine Icaraí, 164
Cine Ideal, 44, 45, 99
Cine Império, 96
Cine Ipanema, 157
Cine Íris, 44, 45
Cine Jangada, 75
Cine Júlio Pinto, 55, 56
Cine Leblon, 164
Cine Lux, 125
Cine Marrocos, 103
Cine Moderno, 65-68, 71, 72
Cine Odeon, 99, 100
Cine Olympia, 71
Cine Palácio, 103, 164
Cine Parisiense, 99
Cine Parque Fluminense, 93
Cine Parque, 71
Cine Pathé, 99
Cine Pirajá, 92
Cine Polytheama, 52, 82
Cine Rex, 73, 74
Cine Rian, 109
Cine Riche, 49-54
Cine Rio Branco, 49, 51-53, 55
Cine Ritz, 88
Cine Rosário, 125
Cine Roxy, 154, 164
Cine Royal, 70, 82
Cine Salão Paris, 93
Cine Samburá, 75
Cine São Luiz, 49, 73, 76, 79, 80, 82, 158
Cine Scala, 157
Cine Soberano, 45
Cine Teatro Centenário, 89
Cine Theatro Majestic Palace, 56, 57, 60-63, 65, 67, 72
Cine Tijuca, 154
Cine Torre, 71
Cine Velo, 99
Cine Veneza, 100, 154

Cinédia, 117-119
Cinegráfica São Luiz, 125, 150
Cinemar, 75
Cinematographo Art-Noveau, 43, 46
Cine-Theatro Polytheama, 49
Circo Pery, 24, 43
Circuito Sul de cinemas, 154
Clóvis Janja & Companhia, 73
Companhia Brasileira de Cinemas, 101, 156
Companhia Cinematográfica Brasileira, 95
Costa, Arlindo Affonso da, 46
Costa, Dionísio, 46

D

De Lamare, Germana, 33, 168, 170, 178
De Lamare, Maria Thereza, 178
De Lamare, Rinaldo Victor, 168
Di Maio, Victor, 43, 44, 47
Distribuição Nacional S/A, 117
Distribuidora de Filmes Brasileiros, 117
Domingues, Heron, 139
Dória, Jorge, 133
Dragaud, Hippolite, 37
Drummond de Andrade, Carlos, 164
Duarte, Anselmo, 121, 125, 127, 128, 130, 132, 133, 137
Dutra, Eurico Gaspar, 15, 124

E

Eddy, Nelson, 72
Embrafilme, 160, 161
Empreza Paschoal Segreto, 46
Epitácio Pessoa, 83

F

Fairbanks, Douglas, 101
Farney, Cyll, 121, 128-131, 137, 169
Farney, Dick, 131
Faye, Alice, 109
Felippe, Joseph, 24
Fenelon, Moacyr, 109, 118, 122-124, 129
Fernandes, Roberto, 71
Ferraz, Júlio Marc, 90
Ferraz, Violeta, 127, 130
Ferreira, Ítala, 126
Follet, Stella, 24
Fortaleza, 13, 14, 17, 23, 24, 28, 29, 30, 32, 35, 37-40, 44-47, 52-54, 56, 57, 60, 63, 65, 67, 68, 71, 73, 74, 76, 79, 80, 82-84, 86, 104, 110, 111, 158, 172
Fox Severiano Ribeiro, 103
Frageli, Sebastião, 72
Franco Rabelo, 37
Freda, Riccardo, 149
Frontin, Paulo de, 45
Fronzi, Renata, 129

G

Gandini, Maria, 53
Gomes, Carlos, 85
Gomes, Paulo Emílio, 44
Gonçalves, Dercy, 121, 130
Gonzaga, Adhemar, 117, 118
Gonzaga, Alice, 62, 89, 92, 96, 100, 155
Gonzaga, Luiz, 140
Goulart, João, 148, 160
Goulart, Jorge, 131
Grande Otelo, 121, 130, 140, 142, 169

Grey, Wilson, 127, 130
Griffith, David W., 55, 101
Grimaldi, Angiolina, 89
Grupo Severiano Ribeiro, 103, 104, 153, 157, 162, 164, 170, 176, 178
Guerra, Ruy, 147
Gyz, Leda, 59

H

Hayes, Helen, 81
Heli, Jorge, 133
Heloísa, 160
Herbert, John, 128
Humberto Mauro, 117

I

Instituto Nacional de Cinema, 141

J

Janja, Clóvis, 73, 74
Jorge Amado, 149

K

Kinoplex Parque D. Pedro, 163
Kinoplex Praia da Costa, 163
Kinoplex, Itaim, 163
Kubitschek, Juscelino, 146

L

Lais, 33, 77
Lang, Fritz, 106
Lara, Odete, 128
Latte, Umberto della, 68
Leal, Alberto da Silva, 82
Leal, Amadeus Barros, 75
Leal, Vinícius Barros, 19

Leitão de Barros, 149
Leite, Ary, 54, 62, 69
Lewgoy, José, 121, 130
Lima, Ana Felícia de, 19
Lima, Pedro, 134
Litvak, Anatole, 81
Lopes, Marciano, 66
Lubitsch, Ernest, 65, 106
Lúcia, 160, 171
Luiz Henrique, 172
Lula da Silva, Luís Inácio, 150
Lumière, 43, 46
Lustosa, Isabel, 98

M

Macedo, Eliana, 127, 130
Macedo, Watson, 121, 126, 127, 130, 132, 133
Macedo, Zezé, 121
Machado, Carlos, 111
Machado, Joaquim, 90
Machado, José Antônio, 38
Mamede, Sonia, 131
Manga, Carlos, 14, 121, 127, 129, 131, 132, 137, 169
Manzon, Jean, 148
Maria Luíza, 20, 23
Marinho, Roberto, 16
Massaini, Oswaldo, 134
Massey, Ilona, 72
Menescal, Antônio da Justa, 30, 33
Mesiano, Henrique, 49, 51, 52, 55
Minas Gerais, 140
Miranda, Carmen, 109, 127
Miris, Fátima, 58
Monteiro, José Carlos, 135
Moraes, Alba, 32, 33, 35, 36, 120
Morais, Paulo Augusto de, 32

Índice onomástico

Morel, Edith, 169
Morena, Antônio, 90
Moroitz, Jacques, 72
Multiplex, 16, 104, 163, 175-177
Muratori, Roberto, 51, 52
Murnau, F. W., 106

N

Negri, Póla, 65
Nobre, Fernando Silva, 82, 90, 120
Novis, Mário, 92

O

Organização Livio Bruni, 157
Oscarito, 14, 121, 126, 129-131, 143, 149, 169
Oswaldo Cruz, 26, 83

P

Paiva, Salvyano Cavalcanti de, 143
Pantoscópio Ambulante, 46
Parente, Nicola Maria, 46
Patrocínio, José do, 22
Paulino Neto, Augusto, 166
Paulo Vanderlei, 133
Payne, John, 109
Pereira dos Santos, Manoel, 45
Pereira Filho, José Inácio Guedes, 70
Pereira Passos, 83
Pery, Anchises, 24, 25
Pickford, Mary, 55, 101
Pimentel, Francisco de Menezes, 72
Pinto, Francisco de Paula, 168
Pinto, Francisco, 77, 155, 176, 177
Pinto, Júlio, 40, 49, 52, 54
Pinto, Luiz Antonio Leite, 152, 177
Polatti, 145
Ponce Filho, Generoso, 90
Ponce, Altamiro, 90
Portella, Carlos Antonio, 168
Porto, Ismar, 132
Porto, Sérgio, 111
Promocine, 152

Q

Quadros, Jânio, 160
Quineau, Joaquim Moura, 46

R

Recife, 14, 18, 35, 70, 71, 76, 82, 84, 104, 110, 111, 118
Ribeiro, Ademar Leite, 90, 92
Ribeiro, Agildo, 130
Ribeiro, Luis Gonçalves, 90
Ribeiro, Vivaldi Leite, 92
Rio de Janeiro, 16, 18, 24, 44, 46, 67, 68, 76, 82-84, 95, 98, 99, 103, 110, 117, 122, 125, 140, 162
Rio Grande do Norte, 82
Rocha, Edgar, 125
Rocha, Glauber, 134
Rocha, Marta, 143
Rodrigues, Amália, 149
Rola, Joaquim de Oliveira, 49
Rola, José de Oliveira, 40, 49, 52
Romero, César, 109
Roquete-Pinto, 85, 90

S

Salgado, Alfredo, 38, 50, 62
Santoro, Fada, 130

Santos, Carmem, 117
São Paulo, 18, 95, 103, 129, 133, 135, 139, 140, 157, 163
Sardou, Victorien, 60
Saules, Beatriz Severiano Ribeiro de, 177
Saules, Jonas da Fonseca de, 168
Saules, Jorge Severiano Ribeiro de, 177
Saules, Vera Severiano Ribeiro de, 178
Segreto, Afonso, 46
Segreto, Domingos, 90
Segreto, Paschoal, 93
Seravolo, Lucídio, 103
Sérgio Augusto, 122, 137
Serrador, Francisco, 67, 89, 90, 93, 95-97, 99, 103
Severiano Ribeiro Filho, Luiz, 21, 22-41, 43, 45, 47, 49, 50, 52-56, 60, 63, 64, 67-77, 80-83, 85-93, 96, 100-104, 111, 120, 153-157, 165-173, 175
Severiano Ribeiro Júnior, Luiz, 14, 15, 33, 105-113, 115-120, 124-126, 128-132, 134, 135, 137, 140-146, 149-152, 154, 155, 159, 160, 162, 168-173, 175, 176
Severiano Ribeiro Neto, Luiz, 13, 160, 176
Severiano Ribeiro, João, 17, 33
Severiano Ribeiro, Luiz, 13-16, 18, 20, 23, 24
Severiano Ribeiro, Sonia, 86, 102, 110, 160, 165-167, 171, 172
Severiano, Eufrásia, 18, 33
Severiano, Vera, 33, 86, 168, 177, 178
Soares, Ilka, 125
Sobral, 75

T

Tacaruna, 104
Tamiroff, Akim, 81
Teffé, Nair de, 109
Tinoco, Lélia, 160, 171, 172
Trindade, Zé, 130, 146
Trio Irakitan, 131

U

União Cinematográfica Brasileira, 111, 112, 115
United Cinemas International, 104

V

Vargas, Getúlio, 15, 100, 115, 116, 143
Vera Cruz, 133, 135
Vidali, Emilia, 53
Vidali, Giovanni Enrico, 53
Vieira, Joaquim de Matos, 70
Vitascope, 24

W

Washington Luís, 67, 88

Y

Yolanda, 33, 85, 168

Este livro foi composto na tipologia
Minion, corpo 12/15,8, e impresso em papel
off-set 75g/m², no Sistema Cameron da
Divisão Gráfica da Distribuidora Record.